Joseph SITA

Une belle aventure avec Jésus-Christ

Joseph SITA

Une belle aventure avec Jésus-Christ

Autobiographie d'un homme de Dieu

Éditions Croix du Salut

Imprint
Any brand names and product names mentioned in this book are subject to trademark, brand or patent protection and are trademarks or registered trademarks of their respective holders. The use of brand names, product names, common names, trade names, product descriptions etc. even without a particular marking in this work is in no way to be construed to mean that such names may be regarded as unrestricted in respect of trademark and brand protection legislation and could thus be used by anyone.

Cover image: www.ingimage.com

Publisher:
Éditions Croix du Salut
is a trademark of
Dodo Books Indian Ocean Ltd. and OmniScriptum S.R.L publishing group

120 High Road, East Finchley, London, N2 9ED, United Kingdom
Str. Armeneasca 28/1, office 1, Chisinau MD-2012, Republic of Moldova, Europe
Printed at: see last page
ISBN: 978-620-6-17013-6

A mes chers parents qui reposent
auprès du Seigneur, qui m'ont fait
voir le jour et accompagné des années durant ;

A Jacqueline, ma chère et tendre épouse qui me
soutient inlassablement dans l'œuvre du Seigneur ;
A mes enfants, piliers irremplaçables dans
l'exercice de mon sacerdoce ;
A ma chère communauté ecclésiale,
l'Eglise évangélique du Congo.

« Le Seigneur est mon berger, je ne manquerai de rien.

Il me fait reposer dans de verts pâturages, il me dirige vers des

eaux paisibles. Il restaure mon âme,

Il me conduit dans les sentiers de la justice,

à cause de son nom. Quand je marche dans la

vallée de l'ombre de la mort, je ne crains aucun mal ; car tu es

avec moi : ta houlette et ton bâton

me rassurent. »

Psaume 23, 1-4

Préface

Le marché congolais et africain du livre chrétien s'est enrichi d'un nouvel opuscule intitulé : **Une belle aventure avec Jésus-Christ**, de la plume du Rév. Pr Joseph SITA. Dans cet ouvrage, de contenu essentiellement biographique, l'auteur retrace son itinéraire spirituel fait de hauts et de bas, avant de consacrer quelques lignes aux efforts ô combien louables de l'Association des Ouvriers Apostoliques Retraités (A.O.A.R.) dans l'éradication de la crise survenue dans l'Eglise Evangélique du Congo, en 2020.

De Voka, son village natal, à Brazzaville, en passant par Pointe-Noire et Yaoundé, l'itinéraire spirituel de cet homme de Dieu invite à une auto-découverte, soit comme grille de lecture de la vie des hommes et des femmes justifiant de la vocation au saint ministère, soit à la lumière de la vie des prophètes de l'Ancien Testament. L'auteur conte aussi bien sa vie que celle de ses contemporains, dans un style aisément digestible.

Le Seigneur Dieu, s'adressant au prophète Jérémie, dit en substance : « *Avant que je t'eusse formé dans le ventre de ta mère, je te connaissais, et avant que tu fusses sorti, je t'avais consacré, je t'avais établi prophète des nations.* » (Jérémie 1 : 4- 5) Par ces paroles, le Seigneur s'affirme comme Celui qui préside aux destinées des hommes et des nations. Le recul pris après avoir parcouru le présent opuscule m'a conforté dans l'idée selon laquelle le regard omniscient, omnipotent et aimant du Seigneur accompagne et donne un sens à la vie terrestre de l'être humain. Nul n'y échappe. Pas un seul !

Les jeunes en quête de réponses aux questionnements liés à leurs vies, y trouveront, je puis l'espérer, incrustées entre les lignes, des raisons d'échapper à la désespérance que sème et procure une vie d'échecs et d'incertitudes. Au sortir d'une lecture sans a priori du présent ouvrage, se dresse un bel horizon à conquérir dans la réconfortante compagnie du Christ Ressuscité.

Les lecteurs sont invités à découvrir respectivement l'auteur, des bribes de l'histoire de la venue à l'existence de certains groupes de chants et le rôle salvateur de l'Association des Ouvriers Apostoliques Retraités de l'EEC dans les temps de crises.

Que le Seigneur, de qui procèdent toute grâce excellente et tout don parfait, bénisse les potentiels lecteurs du présent ouvrage !

Rév. Pr Patrice NSOUAMI

Introduction générale

Dieu, après avoir tout créé, vit tout ce qu'Il avait fait. Et voici, cela était très bon, nous dit la Bible (Gn 1.31). Dans ce bas monde, pour plusieurs raisons, il peut exister des humains qui ont de la peine à évaluer le fruit de leur labeur. En effet, fixer, porter l'attention sur son œuvre, surtout sur sa vie passée ou présente peut-être redoutable. Cependant, dès le début des Saintes Ecritures, le Créateur nous met devant une leçon d'évaluation.

Gloire, honneur et louange à Celui qui était, qui est et qui sera d'éternité en éternité! Après une cinquantaine d'années de ministère sacerdotal, une soixantaine d'années de vie chrétienne, puisque baptisé le 22 décembre 1963 à Musana, ne peut-on pas s'arrêter pour voir tout le parcours de la vie, avec ses hauts et ses bas ? Nous savons qu'en nous engageant dans cet exercice difficile, nous courons beaucoup de risques, puisqu'il s'agira de parler de soi-même.

Lorsque les années passent, on se rend compte qu'on remplace les aînés dans leurs fonctions, parfois multidimensionnelles. En faisant attention, on comprend le fait des générations qui passent et d'autres qui succèdent. Ainsi, ancien parmi les anciens, on prend le relai de la responsabilité dans la société en général, et dans l'église en particulier. Voilà ce qu'on trouvera dans la partie qui clôture notre autobiographie.

Notre souhait le plus ardent est de laisser des traces sur ce qui aura été notre vie avec le Seigneur, autant qu'on a pu. Puisse notre Dieu éclairer tous ceux qui vont nous lire pour découvrir l'essentiel de ce que nous avons décidé de partager.

Première partie

La souveraineté de Dieu dans une vie

Après la description du contexte de la naissance de Jésus, Luc clôture le deuxième chapitre de son évangile par ce beau verset : « *Et Jésus croissait en sagesse, en stature, et en grâce, devant Dieu et devant les hommes* ». De l'enfance à l'appel, de la vocation à l'exercice du saint ministère, c'était un vrai voyage vers l'inconnu.

Chapitre I :

A la découverte de la vie

Le commencement, le jeune âge est vraiment un socle sur lequel repose la vie d'un être humain. Le mien n'a pas été facile, dirait-on. De quoi a-t- il été fait?

1. Ma tendre enfance

Né le 16 janvier 1950 à Voka, Boko[1], de SITA Joseph et de LOUKOULA Joséphine, le Pasteur Joseph SITA est l'un des 7 enfants issus de ses parents. Au moment de ma naissance, mes parents habitaient le village Mahono, à quelques encablures du chef de terre[2] Mbemba BIZA, donc proche du village Kiazi. Très tôt, mes parents quittèrent ce village où papa avait une maison en briques cuites. Cette maison était non loin de la route coloniale Kinkala-Boko[3]. Désormais, on devait vivre à Matensama, un village difficilement accessible par véhicule, situé à plus d'un kilomètre de la voie principale. Mon papa, un constructeur infatigable s'était attelé à construire des maisons dans ce nouveau village qui deviendra finalement mon village d'enfance. Dans ce village, papa a été l'un des premiers à avoir une maison en toiture tôlée. Cela avait fait la jalousie de plusieurs, car cela n'était pas donné à tout le monde d'avoir une telle habitation. Voici, pendant la saison dite sèche (du 15 mai au

---

[1] A l'époque coloniale, les pays de BOKO englobaient les sous-préfectures de Louingui, Loumo et BOKO.
[2] Avant l'indépendance, chaque sous-préfecture était subdivisée en chef de Canton et en chef de Terre.
[3] A l'époque coloniale, Boko était le chef-lieu de ladite sous-préfecture.

15 septembre), dans la contrée, on avait coutume d'incendier les brousses. Or c'était la période indiquée pour refaire les toits des maisons couvertes de chaume. On s'en prenait souvent à mon père, car se disaient les gens du village, les feux de brousse ne pouvaient être imputés qu'à celui qui avait une maison dont la toiture était couverte de tôles; donc, mon papa était fréquemment faussement accusé. Tous ceux des proches parents de papa l'ont rejoint dans ce village.

2. Mon papa, un homme à tout faire !

Catéchiste au temps des missionnaires, il a acquis un savoir pluriel à leurs côtés. Parmi ceux qui ont gardé le souvenir de son temps de catéchiste, et qui était en même temps l'alphabétiseur du village, on peut citer le Pasteur Raymond BUANA KIBONGI, un des anciens présidents de l'Eglise Evangélique du Congo qui, lui était resté reconnaissant jusqu'à sa mort. En effet, chaque fois qu'il en avait l'occasion, lors des grands rassemblements cultuels, le Pasteur BUANA présentait fièrement mon papa à l'assemblée, disant que c'est lui qui l'avait alphabétisé. Pour être honnête, mon papa a interrompu le sacerdoce pendant longtemps, au cours de sa vie, mais il est revenu au ministère avant sa mort.

Mon papa n'avait point de repos, sauf endormi. Ses métiers étaient nombreux, très nombreux. Il était, maçon, charpentier, menuisier, scieur des planches, forgeron, vannier, tisserand (pagne de raphia), couturier, réparateur de bicyclettes, de phonographes, horloger, sculpteur etc. Il a aimé la terre, et avait toujours un verger bien entretenu. Il a même osé planter le colatier. Il sied de signaler qu'à l'époque, il était affirmé dans notre contrée que, lorsqu'on plantait un colatier, on n'aurait pas une longue vie. Cependant, il a fait la cueillette des noix de colas des années durant. D'ailleurs, il les vendait ; il est décédé à l'âge de 84 ans, donc rassasié de ses jours…

3. Souvenirs de l'école de la Mission suédoise de Musana

De façon générale, le Temple, le dispensaire et l'école, voilà ce qui symbolisait l'essentiel des activités dans une station missionnaire. Musana, la station missionnaire fondée par la Svenska Missions Förbundet en 1910 m'a accueilli en septembre 1957 pour commencer mon cursus scolaire.

Outre les activités scolaires, je retiens deux faits :

3.1. Le premier fait : Une poignée de main inoubliable

En 1961, le premier président de la République du Congo, l'Abbé Fulbert YOULOU était en visite à l'école de la station missionnaire de Musana. Toute la contrée s'était mobilisée pour accueillir le chef de l'Etat. Nous sommes à un an après l'indépendance du Congo Brazzaville. Au moment de visiter le village Kihinda, siège du Canton Samba Ndongo, nous étions tous là, enseignants, élèves de l'école primaire de Musana et tous ceux des villages proches. Kiyinda, un village administrativement renommé, jouxtant le village Musana, grouillait de monde. Je ne me suis jamais rappelé les temps forts de cette visite. Cependant, un souvenir m'est resté indélébile : après avoir visité le cimetière et la résidence du feu Chef de Canton, le Président, l'Abbé Fulbert YOULOU remontait vers le centre du village. C'est à ce moment que, poussé par je ne sais quel courage, je me suis détaché de la foule pour aller serrer la main de l'Abbé Fulbert Youlou, le chef de l'Etat. Une fois fait, je me suis retiré et j'ai regagné la foule, à l'étonnement de plusieurs…

3.2. Le deuxième fait : une leçon de morale

Musana a été bâti sur une colline. La principale route qui donne accès à la station missionnaire part du bas de la colline du côté du ruisseau Manguembo, jusqu'à la cité des missionnaires. En montant, à droite on avait l'essentiel des habitations du directeur, des enseignants et autres, à gauche, après les maisons des agents de santé et celles des autres enseignants, on avait de ce même côté le campus des garçons. Ce n'est qu'après le campus des garçons qu'on arrivait aux autres infrastructures scolaires.

Un soir, alors que je devais être au cours élémentaire, on était à la fin d'un trimestre, à la veille d'un congé. En effet, la coutume consistait à organiser une soirée récréative avant chaque congé. La grande cour de récréation encerclée par l'essentiel des bâtiments scolaires était le lieu privilégié pour abriter ces moments. Cette cour de récréation était comme le centre de l'école. En fait, si la cité des missionnaires, le camp des jeunes filles et « La sœur[4] » étaient bâtis au sommet de la colline, le camp des garçons par contre se trouvait à l'opposé sur le versant de l'entrée de la station missionnaire.

Après la soirée récréative, plusieurs élèves garçons et moi étions attirés par un jeu de lumière fait par une dame missionnaire qui avait une torche. La foule se dispersant, nous, au lieu d'aller dans le sens de notre campus, nous suivions les missionnaires, pour admirer le jeu de lumière, car moi, je n'avais jamais vu une torche pouvant donner alternativement des lumières jaune, vert, rouge etc. Alors qu'on était à près de cent mètres des escaliers conduisant à la cité des missionnaires, la dame missionnaire tendit la torche au garçon qui était plus proche d'elle. Nous avons admiré et envié le camarade à qui on avait remis la torche, car c'était un cadeau. Cependant, continuant de marcher, la femme ravit ladite torche des mains du jeune garçon. Voilà un geste qui nous glaça les cœurs. La missionnaire ne tarda pas à expliquer son geste : « je t'aurai donné pour toujours cette torche, si tu avais dit merci. » En effet, c'est ce que le jeune garçon avait manqué de faire. Voilà une leçon que j'ai retenue en repartant sur nos pas vers notre campus.

La beauté de Musana était sans pareille. La propreté était de rigueur. La cité des missionnaires avec des fleurs séduisantes et bien entretenues montrait l'exemple à suivre pour chaque habitant de la station missionnaire. C'était la référence pour la vie de nos villages. Les enseignants et les catéchistes construisaient de belles villas dans leurs villages respectifs, imitant l'exemple des maisons de Musana.

4. **Tout concourt au bien de ceux qui aiment Dieu.**

Pendant mes années du primaire, j'ai repris deux classes, le cours élémentaire deuxième année, et le cours moyen deuxième année. Lorsque je fais le CM2 pour la première fois, j'ai donné le meilleur de moi-même, me disant que je devais aller au collège l'année suivante. J'ai raté l'entrée au collège de Boko. Cependant, une deuxième chance m'a été donnée, c'était l'ouverture du collège de Madzia. C'est

---

[4] L'appellation « la sœur » désignait un campus hébergeant les jeunes filles qui étaient reçues par les missionnaires, en vue d'un encadrement en art ménager et la préparation des filles pour le mariage.

avec beaucoup d'enthousiasme que je me suis préparé, car je voulais être collégien, comme l'étaient plusieurs de mes camarades de mon âge. Malheureusement, lorsqu'on délibéra, je fus une fois de plus déclaré échoué. Ma déception était telle que je pris la décision de ne plus jamais partir à l'école ; j'ai crié à l'injustice et maudit mon école Musana.

A la rentrée de l'année 1964-1965, j'ai demandé de m'inscrire à l'école primaire de Louingui où je ne fus pas admis. Je résolus de rester au village. J'allais à la pêche, je tendais des pièges et j'accompagnais ma mère aux champs. Pendant tout le trimestre, en bon villageois, je me suis familiarisé avec la vie campagnarde. Un soir de la mi-décembre 1964, alors que je dormais déjà sur mon petit lit, ma chère maman vint me parler, me supplier pour que je reparte à l'école de Musana. J'ai bien voulu refuser la proposition de maman, mais j'ai quand même accepté sans trop réfléchir. Et pourtant, j'étais en retard d'un trimestre ! Cette fois, c'est mon papa, SITA Joseph qui devait aller me faire réinscrire. Une fois arrivés devant monsieur le directeur, et que papa avait posé mon problème, la réponse fut qu'à l'instant devait commencer l'examen trimestriel. Dès la première épreuve, si je réussissais, je pourrai continuer l'année ; sinon je serai mis dehors.

Mon papa repartit, et on me fit entrer dans une salle où je devais attendre le début de la première épreuve, et c'était le calcul, les Mathématiques. Lorsque la composition commença, je n'avais pas fait une heure avant d'aller déposer ma copie. Je fus donc le premier à terminer. Notre instituteur voyant que j'avais bien fait, alla vite rendre compte à monsieur le directeur qui se réjouit et vanta mes aptitudes qu'il connaissait déjà. Ainsi, je fus retenu pour continuer l'année scolaire.

A la fin de l'année, je choisis de faire le concours d'entrée au collège de Makélékélé, Brazzaville. Cette fois, je m'admis et cela me donna l'occasion de venir continuer mes études à Brazzaville avec comme directeur, Monsieur Sébastien MATINGOU.

Avec la joie de poursuivre mes études à Brazzaville, j'ai oublié ma déception passée. Cependant, la leçon m'est revenue à l'esprit lorsque, un jour, rentrant des classes, j'ai rencontré un de mes anciens camarades qui avaient réussi au concours d'entrée au collège de Madzia. Celui-ci était en culotte sale, et moi tout propre, avec mon sac appelé à l'époque « Je reviens de Paris », bandoulière accrochée à l'épaule, je fus surpris de le voir dans un état inadmissible ; c'était bien entendu ceux-là que j'avais enviés... En fait, j'ai rencontré ce camarade plus de deux fois avant que j'eus le courage de lui demander sa situation scolaire. Il me raconta que tous ceux des élèves de Musana qui étaient admis au collège de Madzia avaient abandonné. Je n'avais même pas demandé les raisons de leur abandon. A notre séparation, je me suis rappelé que si j'avais réussi à ce concours, moi aussi, j'aurais abandonné, et je n'aurais pas poussé loin dans les études. Ainsi, grâce à cet échec, Dieu m'a réservé un meilleur moment. Comme le dit l'apôtre Paul, «Tout concourt au bien de ceux qui aiment Dieu » (Rom 8.28).

5. Vie et activités de jeunesse

Les valeurs acquises dans l'enfance sont d'un grand secours lorsqu'on est sur le chemin de la maturation. Les chants appris à l'école de la mission suédoise de Musana, ne revenaient-ils pas dans mon esprit ?

5.1. Comment je deviens choriste

Pendant mon cursus scolaire à Brazzaville, les proches que je côtoyais habitaient le quartier Bacongo, un des quartiers du sud de Brazzaville. Ainsi, assez souvent, j'y allais pour le travail scolaire ou pour les loisirs. Du quartier Ngangouoni où je vivais à Bacongo, je devais traverser les quartiers Météo et Makélékélé. Or, l'avenue que je prenais pour rentrer chez moi, passe à côté du temple de Météo. Certains soirs, en rentrant, j'étais fasciné par des cantiques exécutés par la chorale qui faisait ses répétitions au temple de Météo. J'ai résisté pendant quelques temps en passant, puis, j'ai commencé par m'arrêter pour écouter les belles mélodies.

Un soir, j'ai décidé d'aller voir, assister ceux qui chantaient, me mettant à l'entrée du temple. Lorsqu'ils chantaient, je trouvais qu'ils étaient éclatants ; ne pouvant pas rester longtemps je fus parti. C'est ainsi que je finis par intégrer cette chorale qui deviendra le lieu de l'épanouissement de ma vocation. Il s'agit de la chorale Centre de Météo.

Je suis resté choriste de 1967 à 1973. Pendant ce temps, j'ai eu à assumer des responsabilités ; j'ai été secrétaire Général de la chorale ; j'ai été dirigeant ou Maître de chant secondaire.

Hormis ces activités, comme membre actif de la paroisse, j'étais encadreur de l'école du dimanche ; voilà un ministère que j'ai tant aimé. Il sied de signaler que j'étais aussi le secrétaire général du Comité Coordinateur local de la paroisse de Météo[5].

5.2.   Un fait insolite de 1971

Je vivais chez mon grand frère Mbemba Simon, au quartier Ngangouoni, actuellement plus connu par le nom Château d'eau. Un soir, le pays se trouvant en plein monopartisme, je me suis décidé d'aller à une réunion politique, au siège du quartier. J'étais timidement installé, debout derrière la foule des militants qui participaient à la réunion. Une lampe luciole éclairait à peine le présidium. A l'ordre du jour qui était annoncé, on parlait de la mise en place du bureau de la section de l'Union de la Jeunesse Socialiste Congolaise (UJSC) du quartier. Cela ne pouvait rien me dire, car je n'avais jamais assisté à une réunion de ce genre ; j'étais là en observateur. Cependant la réunion poursuivant son cours, on arriva au point concernant la mise en place du bureau. Je suivais le déroulement de la réunion étant derrière la foule. Quel n'était pas mon ahurissement lorsque, arrivé au poste du vice-président chargé de la presse et propagande, et que l'un des membres du présidium proposa mon nom pour ce poste ! En fait, je pensais à un homonyme. Pendant que j'attendais le nommé camarade SITA qui devait se présenter, un membre du présidium s'est déplacé, fendant la foule et venant se saisir de mon bras, m'amenant au milieu sous les acclamations nourries de la foule. Je ne savais où j'étais… Ainsi, j'ai milité dans le parti unique avec ferveur, jusqu'à ce que la vocation sacerdotale m'obligeât de quitter le quartier et mes responsabilités politiques à cause de ma première affectation.

---

[5] A l'époque, tous les groupes de chants et même l'école du dimanche et le Cercle biblique évangélique faisaient partie du mouvement des jeunes. Pour cela, dans chaque paroisse, il y avait un comité local les coordonnant.

Chapitre II :

A partir d'un « Me voici, envoie-moi »

« La parole de l'Éternel me fut adressée, en ces mots : Avant que je t'eusse formé dans le ventre de ta mère, je te connaissais, et avant que tu fusses sorti de son sein, je t'avais consacré, je t'avais établi prophète des nations. » (Jér 1.4-5)

1. La vocation, un mystère

Tout commence dès l'école primaire de Musana, lorsque plusieurs de mes camarades me taquinent en disant : « Tu seras un catéchiste comme ton père ! » Bien entendu, cela m'énervait et cela pouvait se terminer par une rixe.

Lorsqu'en 1971, je passe mes vacances à Madiba, une annexe de la paroisse de Kinkala, lors d'un culte d'intercession, le Seigneur révèle à un charismatique que je devais le servir ; c'était même une condition pour mon évolution. Je n'y fis pas grande attention, car selon moi, mon aîné, le Pasteur Jacob LOUBELO étant déjà dans ce ministère, et notre fratrie de sept enfants n'ayant eu aucun cadre, je ne voyais comment me faire enrôler dans un ministère dont la caractéristique était la pauvreté. Il eut plusieurs interpellations par différentes personnes, mais je n'étais vraiment pas prêt à céder.

En juin 1973, je devais passer le baccalauréat. Je me suis donné corps et âme. J'ai même prévu mes priorités une fois admis à l'université. Je pensais à acheter une parcelle avec ma bourse d'étudiant, pour commencer à préparer mon futur tant rêvé.

A l'approche de l'examen, une nuit, alors que je dormais profondément, j'entendis un appel très fort qui me réveilla en sursaut : SITA ! C'était si clair que je fus obligé de sortir de ma chambre dont la porte communiquait avec l'extérieur de la maison. Me trouvant dans la cour de notre concession, je fus surpris par le calme, le silence de mort qui régnait dehors. En effet, tout le monde dormait. J'ai tenté d'appeler mon grand frère, mon tuteur qui ne répondit point puisqu'il dormait. Cela me troubla jusqu'au matin. Je ne comprenais rien. Je me disais que si cet appel pouvait venir d'un démon, quelles en seraient les conséquences ? A l'époque, nous avions une maman au nom de NSOUELA Emilienne qui avait un charisme de vision et de prophétie avéré. Je n'ai pas attendu d'aller lui raconter ce fait d'appel nocturne troublant. Elle fit une prière et me rapporta que c'était le Seigneur. Là encore, je n'ai pas accepté que je serve le Seigneur à plein temps. J'attendais plutôt de réussir au bac et faire mes études universitaires. En 1973, j'ai affronté l'oral du bac avec succès. J'ai continué avec l'écrit, et je fus déclaré admissible ! J'ai renforcé ma position en me disant que la porte de l'université m'était ouverte. Cependant, il me restait le dernier oral pour être définitivement admis. Pendant que j'affrontais l'oral d'Espagnol, j'eu une vision incroyable. En effet, Je ne sais où j'étais emporté, et on m'avait fait porter le col pastoral dans la vision. Lorsque j'étais revenu en moi, j'ai compris que Dieu était vraiment au-delà de tout. J'ai eu la conviction d'échouer au bac. Lorsque j'ai dit à mon ami le plus proche que j'allais échouer, il me traita de fou ; il ne pouvait pas croire… Après la session d'oral, je suis allé revoir la servante du Seigneur maman NSOUELA Emilienne. Elle me révéla que mon diplôme était enfermé dans une enveloppe…

Evidemment, à la délibération, il se trouva que je ne fus pas reçu. Cette fois, je me suis décidé d'aller voir le Président de l'Eglise Evangélique du Congo, le Pasteur Raymond BUANA KIBONGI. Ce dernier m'exhorta, me réconforta et pria pour moi, me demandant de commencer la procédure d'intégration au ministère sacerdotal.

2. Un jour pas comme les autres

Dans l'Eglise Evangélique du Congo, le recrutement au saint ministère passe par des critères d'appréciation des cas à différents niveaux comme l'annexe, la paroisse et le consistoire. A chaque niveau, un Conseil est appelé à délibérer sur le cas. En effet, jusqu'à ce jour, même s'il existe une commission des ministères dont je suis le premier responsable, elle n'a pas la prérogative en matière des candidats à intégrer au saint ministère.

Le jour de mon engagement, je suis allé me présenter chez le vice-président[6] de la paroisse de Météo, en la personne du diacre MBOUAKA Isaac. Dès que je lui ai

---

[6] C'est ainsi qu'à l'époque on appelait l'administrateur paroissial.

parlé de ma vocation, il me recommanda d'aller immédiatement voir le Pasteur Albert MOUHOUALA, berger de la paroisse qui en ce moment était à la Paroisse de Mfilou, puisqu'il desservait deux paroisses à l'époque : Météo et Mfilou. Je suis allé donc à Mfilou où effectivement, j'ai trouvé le Pasteur Albert MOUHOUALA qui, après avoir pris connaissance du mobile de ma visite, me dit qu'on m'attendait depuis longtemps. Cela voulait dire que les autorités de la paroisse étaient déjà convaincues de ma vocation. Il me dit qu'il devait partir réunir le Conseil paroissial pour statuer sur mon cas, puisqu'en ce même jour, un conseil consistorial était prévu l'après-midi. Ainsi, en un seul jour, sans dossier, sans demande écrite, par ma déclaration seule, toutes les instances habilitées ont accepté mon intégration au saint ministère[7]. Comme premier poste, le conseil consistorial de Brazzaville, dirigé par le Pasteur Jean MBOUNGOU MAYENGUE m'affecta à la paroisse de Ouenzé, en septembre 1973 ; j'avais 23 ans.

3. Mon mariage : un choix de l'Eternel

En 1973, j'ai commencé mon ministère à la paroisse de Ouenzé. En 1974, je fus muté à la paroisse de Mayangui. Certes, je n'ai trouvé aucun inconvénient de quitter mon premier poste, mais le Président du consistoire d'alors, le Pasteur Jean MBOUNGOU MAYENGUE m'entretint pour me demander d'accepter cette affectation. En effet, ce dernier craignait que je ne sois influencé par les fidèles, surtout par les jeunes de la paroisse qui m'appréciaient beaucoup et qui pouvaient par conséquent me pousser à m'opposer et ne pas vite quitter ce poste après peu de temps de service.

Mon passage à la paroisse de Mayangui sera gravé à jamais dans ma mémoire. Après quelques mois d'exercice de mon apostolat dans cette paroisse, je suis tombé malade. J'avais la tuberculose, une maladie très redoutée en ce temps-là. Je fus hospitalisé à l'hôpital général de Brazzaville. Dans ce lieu, ma mission de serviteur de Dieu a été vécue de façon particulière ; j'organisais des prières dans la salle où j'étais interné. Chaque soir, les malades pouvant se déplacer venaient du deuxième et du quatrième

---

[7] Ces instances sont : Le conseil d'annexe, le conseil paroissial, le conseil consistorial.

étage pour la prière du soir. Cette expérience fut particulière pour moi.

Il sied aussi de noter que, pendant mon hospitalisation au troisième étage de l'hôpital général, actuel Centre Hospitalier Universitaire (CHU), je recevais fréquemment la visite de plusieurs fidèles des paroisses de Ouenzé et de Mayangui.

Un jour, pendant que j'étais allongé sur mon lit, arriva une fille, comme j'en recevais souvent d'ailleurs. Celle-ci, cependant, attira mon attention. A la fin du temps de sa visite, elle se proposa de prier pour moi. Pendant sa prière, j'entendis une voix qui me dit clairement : « Voici celle qui sera ta femme ». A la fin de sa prière, je l'ai accompagnée jusqu'au rez-de-chaussée. Je n'ai pas attendu longtemps pour lui exprimer mon désir. Voilà comment, dans sa grande bonté, Dieu m'a fait rencontrer celle qui a su supporter mes faiblesses et combler ma vie de bonheur.

Cependant, ce ne fut pas facile pour elle de tenir devant l'influence de ses proches. En effet, se marier avec un évangéliste n'était pas le bon choix pour plusieurs membres de sa famille et même de ses amies. Bien entendu, des années après, ils ont tous reconnu qu'elle avait raison.

4. Une guérison miraculeuse

Après mon mariage, nous avons été affectés à Pointe-Noire pour servir à la Librairie Evangélique. Certainement, du fait de ma maladie contagieuse, les autorités ont craint de me garder en paroisse. Quelques temps plus tard, j'ai encore été hospitalisé à Adolphe Cissé, le plus grand hôpital de Pointe-Noire. Sans y rester longtemps, j'étais sorti, mais je redoutais toujours la gravité de la maladie, dont le traitement était de 24 mois, ou plus.

Une fois, alors que j'étais à Brazzaville pour une raison dont je n'ai plus de souvenir, j'étais hébergé au Centre d'accueil de l'Eglise Evangélique du Congo. Je sentais les symptômes d'une rechute. J'étais certains que je devais être réadmis à l'hôpital. La veille de mon départ aux services des grandes endémies, l'Esprit me poussa à prier. Il était vers midi, lorsque je me suis mis à genoux dans ma chambre du Centre d'accueil. Pendant ma prière, je fus surpris par une vision inédite. Je vis des vers blancs en grand nombre qui sortaient de mes narines. Je suis resté là longtemps pour voir sortir ces petits vers blancs, mais très nombreux, et qui ne cessaient de sortir de mes narines. Ce fut hypnotisant comme événement. Après la vision, lorsque je revins en moi, je n'ai rien compris de ce qui m'était arrivé. Le lendemain, je pris la décision d'aller à l'hôpital, car j'étais sûr d'être de nouveau hospitalisé. Lorsque la consultation fut faite, on me demanda de faire les examens de routine, notamment, la radio, l'examen du crachat etc. Lorsque tout fut fait, je fus reçu par le médecin qui me fit la surprise en me disant que j'étais guéri. Je ne pouvais rien croire, car c'était plutôt un rêve pour moi. Après six mois, selon le rendez-vous du médecin traitant, je suis reparti pour le contrôle. Le docteur confirma que j'étais guéri. La série de contrôle continua, jusqu'à ce que je fusse déclaré totalement délivré...

5. Mon temps d'évangéliste[8]

J'étais jeune, en considérant les hommes de Dieu de cette époque. En effet, j'ai commencé mon ministère à 23 ans. Sept ans durant, j'ai servi le Seigneur comme évangéliste, n'ayant eu aucune formation au préalable. La paroisse de Ouenzé fut mon premier lieu d'affectation. Aussitôt arrivé un vendredi, je devais prêcher le dimanche de ce week-end. En fait, je m'attendais à être formé avant de monter à la chaire. Lorsque mon pasteur DOUMA Emmanuel m'annonça que je devais prêcher le dimanche, je m'étais même opposé. N'ayant pu le convaincre, je suis rentré dans ma chambre où j'ai versé d'abondantes larmes, car je n'avais pas encore prêché au cours d'un quelconque culte. Finalement, je m'étais préparé comme j'avais pu, et le Saint-Esprit avait puissamment joué son rôle. Ainsi, j'étais encouragé et j'ai continué mon ministère sans complexe.

6. Les échecs qui enseignent

Au début de mon ministère à la paroisse de Ouenzé, j'ai entrepris d'alphabétiser les fidèles. Cela a eu comme objectif de donner aux fidèles illettrés de savoir lire la Bible en langue Kikongo. Cette activité a abouti à la création d'un groupe de chant. L'intérêt est allé croissant, les fidèles ont commencé à devenir nombreux lorsque la

---

[8] L'évangéliste dans l'EEC est le collaborateur du Pasteur; à l'époque missionnaire, on l'appelait catéchiste. Il pouvait même devenir un catéchiste surveillant, après une formation à Ngouedi.

nouvelle de mon affectation est arrivée. J'étais seul encadreur, et pour les séances de lecture, et pour l'apprentissage de chants. N'ayant préparé personne, à mon départ, le groupe créé n'a pas continué. Lors de mon apostolat à Pointe-Noire, j'ai eu le triste écho de l'arrêt des activités d'alphabétisation commencées. Cela m'a fait beaucoup de peine. Sans m'y attendre, des années après, lorsqu'on me réaffecta dans cette paroisse, bien que m'occupant de l'annexe Talangai, les anciens membres de mon cercle biblique vinrent me solliciter pour la reprise des activités arrêtées. Avec joie, j'ai accepté, mais la première des choses était de me faire accompagner par quelques fidèles aptes à encadrer. Ainsi, le cercle biblique s'est développé et a connu une structuration. Alors, commença le Kilombo Bible de Ouenzé, dont j'ai eu la grâce d'organiser le premier concert des chants. A cette époque, le sol du Temple de Ouenzé n'était pas encore cimenté. Cette fête était très belle. La paroisse avait jubilé en vivant cet événement. Quelque temps après, j'ai été admis au concours d'entrée au séminaire pour commencer ma formation théologique. Mon départ n'eut plus le même effet que la première fois. Cet échec m'a servi de leçon pour la suite.

7. En service à Pointe –Noire

Je venais de me marier. Lorsque nous arrivons à Pointe-Noire, je suis affecté à la Librairie évangélique. J'étais donc évangéliste-libraire. Les premiers mois, nous étions logés au siège de la paroisse de Mvou-Mvou. A l'époque, tout serviteur de Dieu de l'Eglise Evangélique du Congo était logé dans une concession de l'église. Il n'y avait pas à loger les ministres de la parole dans des maisons louées dans les quartiers. Par la grâce de Dieu, les activités de la librairie se sont sensiblement développées. Mon Directeur, monsieur Ake JOHANSON, un missionnaire suédois, directeur de la Librairie évangélique, faisait régulièrement des contrôles. Nous avons demandé de nous mettre dans de bonnes conditions d'habitation en sollicitant la possibilité de repeindre la maison que nous habitions. Cela nous fut accordé sans problème. Cependant, quelque chose d'incompréhensible s'est produit. Un dimanche, alors que ma femme et moi étions partis rendre visite à un frère dans la foi au quartier Mpaka, un nouveau quartier qui était loin, voire périphérique par rapport à la ville. Sur notre chemin, nous avons vu, en passant une maison à louer. Sans réfléchir, j'ai proposé à ma femme pour qu'on vienne habiter au quartier actuellement appelé Cent vingt, non loin de Mpaka. En fait, la zone du quartier Cent vingt n'était pas encore habitée. Les choses sont allées très vite, et on vint louer une maison qui était très loin de mon lieu de travail. Logiquement, c'était inadmissible, voire insensé de faire un tel choix.

Cependant, lorsqu'on arriva au lieu de prière de Mpaka, actuelle grande paroisse, on nous accueillit avec beaucoup d'enthousiasme, car il n'y avait pas d'évangéliste permanent. J'ai donc comblé ce vide en grande partie. J'ai organisé le recensement des fidèles vivant à Mpaka, un nouveau quartier dont les habitations étaient parsemées. Le 16 mai 1977, j'ai conduit un conseil d'annexe qui a entre autres porté sur le premier choix des diacres. Cela a été fait avec succès. Dans ce même conseil, on a évoqué le choix d'un accordéon pour la chorale Centre de Mpaka. Cette dernière n'avait pas un effectif de 20 membres lorsque je l'ai prise en main. Avant trois mois, nous avons eu à acquérir l'accordéon que j'avais personnellement commandé en Allemagne par le truchement de la librairie; par ailleurs, on avait aussi déjà la tenue officielle et le nombre de choristes avaient considérablement augmenté. Je dirigeais la chorale, sachant que je ne devais pas oublier l'échec de Ouenzé. Nous avons vite fait d'organiser la chorale en la dotant d'un bureau dont je n'étais que le conseiller.

Le développement de l'annexe Mpaka me préoccupa au plus haut niveau, car plusieurs fois, le Seigneur nous interpellait au sujet de ce que devait devenir l'annexe Mpaka. En ce temps-là, disons que c'était chimérique, utopique, ce que nous entendions sur l'avenir de ce qu'est devenue l'actuelle grande paroisse de Mpaka. En effet, Dieu est fidèle ; quand il promet, il accomplit.

8. Un passage de neuf mois à la paroisse évangélique de Mansimou

Suite à ma demande de réintégrer le ministère actif d'évangéliste, le conseil synodal me remit à la disposition de Brazzaville, mon consistoire d'origine. Celui- ci m'affecta à la Paroisse de Mansimou. J'ai eu la charge de gérer la boutique de la paroisse et de m'occuper de l'annexe Centre de Mansimou. A notre arrivée, le culte traditionnel de jeudi n'existait plus ; il n'y avait pas non plus de chorale. Le Seigneur nous inspira de commencer par organiser des moments de prières intenses avec les quelques diacres que nous avions trouvés sur place. Après quelques temps, les séances de prières déplurent à certains diacres. Cependant, nous avons continué jusqu'à concurrence de la durée requise. Les quartiers périphériques du temple de Mansimou n'étaient pas totalement habités. Je devais donc faire le recensement des fidèles de Mansimou. Comme constat, il y avait beaucoup de fidèles de l'Eglise Evangélique du Congo dans la zone qui m'était attribuée. Toutefois, la majorité préférait se rendre dans les paroisses dynamiques comme Makélékélé et Bacongo. Après mon passage qui était une véritable porte à porte, plusieurs fidèles ont résolu de nous rejoindre à Mansimou. C'est alors que j'ai pris l'initiative de commencer la chorale de Mansimou. Il s'agit de l'actuelle chorale Centre de Mansimou. Les choses sont allées vite, très vite. Je n'avais pas trainé de mettre des dirigeants adjoints et un bureau en place. Les séminaristes et les fidèles de Mansimou se sont intéressés à cette activité. Mais, les écueils n'ont pas manqué. Pour deux motifs, le directeur du séminaire, le pasteur Hilaire NKOUNKOU m'a interpelé. M'ayant fait venir à son bureau, il s'étonna de constater que j'eus pris l'initiative de commencer une chorale à Mansimou. Il me posa à ce sujet deux questions : « Sais –tu qu'à Mansimou la chorale ne met pas long feu ? », « Connais-tu la musique ? autrement dit : As-tu la maitrise du Solfège ou du Tonic solfa ? » En effet, je n'avais pas de notions sur la lecture des notes sur une portée. Mais je l'avais rassuré de ce que, c'était un début, et que d'autres connaisseurs devaient venir continuer l'œuvre. Pour le deuxième motif, il voulait que nous n'ayons qu'un culte en milieu de semaine, la communauté du séminaire et les fidèles du centre qui étaient sous ma tutelle. Pour ne pas étouffer les jeunes talents qui devaient faire leurs premiers pas dans la tenue d'un culte, j'ai courageusement dit non à cette proposition. Néanmoins, le culte dominical était célébré ensemble. Alternativement, un prédicateur pouvait être du séminaire ou de la paroisse.

Après quelques mois du début de mon œuvre à Mansimou, j'ai pris l'initiative de concevoir un emploi du temps pour informer ma hiérarchie de mes activités hebdomadaires. Malheureusement, cela déplut à mon pasteur responsable. Ce problème était assimilé à une insoumission. Le conseil paroissial me remit donc à la disposition du conseil consistorial. Ne comprenant pas le bien-fondé de cette sanction, je suis allé m'expliquer devant le Président du consistoire, le Pasteur Joseph MBAN. Lorsque je lui eus expliqué ce qui était considéré comme faute grave, il me calma et me demanda de ne pas en faire un problème, puisqu'il devait m'envoyer à un lieu où, selon lui, je devais plus librement exprimer mes talents. Ainsi, j'ai quitté Mansimou pour l'annexe Talangai, paroisse de Ouenzé. Des années plus tard, on pouvait constater que la chorale qu'on ne croyait pas faire long feu s'est développée, et existe jusqu'à ce jour.

9. En service à l'annexe Talangai

A l'époque, l'annexe Talangai dépendait administrativement de la paroisse évangélique de Ouénzé. Le Pasteur Emmanuel DOUMA en était le responsable. A Talangai, je remplaçais l'évangéliste Pierre MBIOKA qui venait de satisfaire au concours d'entrée au séminaire théologique, pour y faire la formation pré pastorale et pastorale. Alors, j'ai pu donc   reprendre mes activités d'alphabétisation à Ouenzé, ayant mon siège à Talangai. Mon grand souvenir de cette annexe est que c'est là que j'ai commencé à balbutier la langue lingala que je n'avais jamais parlé auparavant. Ceci m'a été imposé par le désir de communiquer et de me faire comprendre. En effet, les premières semaines, le petit temple de Talangai était presque plein le dimanche. Malheureusement, dimanche après dimanche, je me suis rendu compte que les bancs du derrière se vidaient progressivement. Lorsque je fis l'enquête, il s'était avéré que plusieurs ne comprenaient rien, puisque je m'exprimais en Munukutuba, une langue vernaculaire, dont d'ailleurs je n'avais pas aussi une grande maitrise. Je résolus donc d'apprendre la langue lingala, moyen de communication du plus grand nombre dans cette zone. Je bénis donc le Seigneur qui m'avait donné le courage d'apprendre cette langue que j'ai commencé à utiliser en cas de besoin. De Talangai, j'ai réussi au concours d'entrée au séminaire pour commencer mes études théologiques.

10. L'admission au concours d'entrée au Séminaire théologique de Mansimou

Me présenter au concours était déjà un problème, puisque j'étais un ancien tuberculeux. La constitution du dossier devait comprendre entre autres un certificat médical faisant foi d'être en bonne santé. Le traitement de mon dossier devait poser un problème, au cas où mon certificat médical aurait été signé par un médecin de mon ethnie ou de mon département d'origine. En effet, on redoutait qu'on ait joint au dossier un document non authentique. La vérité était que, bien que signé par un médecin de la zone nord du Congo dont je n'étais pas originaire, c'était un fidèle qui, sans moindre intention, avait fait signer ce certificat médical et me l'avait amené.

Mon dossier étant retenu, je devais me préparer pour affronter le concours d'entrer au Séminaire, mais il y avait encore un problème.

Pendant mon cursus du collège, j'avais fait les mathématiques classiques. Or, depuis quelques années, on avait inséré les mathématiques modernes dans le programme du collège. Pour ne pas échouer, j'ai demandé à un ami missionnaire, VIGGO Koch de me donner quelques notions de mathématiques modernes. Celui- ci était enseignant au Séminaire théologique de Mansimou. Les autorités du Séminaires, ayant constaté que je fréquentais VIGGO, ne tardèrent pas de sortir une note interdisant les candidats au concours d'entrée au Séminaire de fréquenter les enseignants de ladite institution. Je fus ampliateur de cette décision. Mes chances d'admission, n'étaient-elles pas amoindries ?

Ce n'était pas tout. Concernant ce concours, chaque consistoire de l'EEC ne devait présenter qu'un seul candidat. A Brazzaville, il y avait un problème de deux candidats. Il y avait le cas d'un ancien recalé, du fait de son classement dans la liste des admis. Celui-là était donc comme dans une liste d'attente, peut-on dire. Mon cas devenait aussi pressant du fait de mon niveau qui, pour plusieurs devait être considéré.

Pour trancher, il était décidé que si j'avais moins de points que mon concurrent, je devais être recalé. Par bonheur, à la délibération, je fus déclaré deuxième admis de tous les candidats. Quel n'était pas l'embarras des autorités de l'Eglise, puisqu'on ne pouvait pas recaler mon concurrent pour la deuxième fois, ayant obtenu une assez bonne moyenne cette deuxième fois.

Malgré tous les obstacles, il s'était avéré que Dieu était au contrôle de tout. Ainsi, je suis arrivé à Mansimou pour commencer ma formation théologique qui devait durer cinq ans.

11. Je pouvais exercer le métier de la maçonnerie

Mon papa étant un homme de métiers, tous ses enfants mâles ont hérité chacun d'au moins un de ses nombreux métiers. Comme il était maçon, pendant que j'étais au cours moyen deuxième année, je l'ai accompagné dans quelques-uns de ses chantiers. Ainsi, j'ai commencé l'apprentissage ; arrivé à Brazzaville, pendant mes années du collège, comme mon tuteur exerçait ce métier de la maçonnerie, je l'ai côtoyé et j'ai acquis des notions.

De nombreuses années plus tard, alors que je devais terminer ma formation pastorale, ma femme et moi avions acquis un terrain à Brazzaville. Notons que nous avions déjà une famille nombreuse. Pendant ma dernière année de formation, je pensais au lieu où je devais passer les deux mois de vacances, avant de commencer mon ministère pastoral. En effet, il était de rigueur de quitter le campus dès la fin de l'année académique, et les finalistes avaient deux mois de vacances.

Pour ne pas être dehors avec la famille, j'ai eu l'idée d'acheter les outils de la maçonnerie et, avec l'aide de mon maître qui n'était autre que mon ancien tuteur, mon grand frère MBEMBA Simon, on a pu faire l'implantation et j'ai continué à construire seul. Ceux qui me voyaient bâtir s'étonnaient, car ils se disaient que j'étais un « évangéliste », ou un élève pasteur et non un maçon. Quand ils me posaient la question de savoir si j'étais un maçon de carrière, je leur disais que j'attendais un maçon qui devait venir d'un moment à l'autre. Après mon travail, il se trouvait que des constructeurs qui bâtissaient une maison non loin de mon chantier venaient inspecter ce que j'avais fait. Ce fut lorsque les murs commençaient à prendre de la hauteur qu'ils ont finalement compris que j'avais des notions sur la maçonnerie. En effet, j'ai construit jusqu'à terminer l'élévation des murs sans problème.

Il faut aussi dire qu'en dehors de la maçonnerie, étant à l'école, j'ai aussi appris le métier de peintre aux côtés du dirigeant principal de notre chorale à Météo. Monsieur MAZILA Dominique, c'est de lui qu'il s'agit. Ce dernier s'intéressait à moi, et on avait donc des chantiers où il m'amenait pour l'aider.

D'ailleurs, pour revenir à la maçonnerie, pendant nos années de formation à Mansimou, nous avons pu aider l'école dans certains travaux comme la construction du local qui avait abrité le moulin à foufou de l'école et la tribune qui d'ailleurs est encore là, entre la Faculté de théologie et le Temple.

En Juin 1985, j'ai terminé ma formation théologique à Mansimou. L'Eglise Evangélique du Congo a jugé bon de m'envoyer poursuivre mes études à la Faculté de théologie protestante de Yaoundé, au Cameroun, d'où deux ans plus tard, je suis sorti avec une Maîtrise en théologie, tenant compte de mes prérequis. J'ai, été seul pendant ce temps, ma femme et mes enfants étant restés à Brazzaville.

En 1987, je suis revenu à Brazzaville. Notons que le Conseil synodal m'avait déjà affecté à l'Institut biblique de Ngouedi où je devais exercer comme enseignant. Cependant, Je suis arrivé à un moment où devait se tenir un synode électif. A cette occasion, j'ai été consacré au saint ministère, mais aussi, on m'a muté comme enseignant au Séminaire théologique de Mansimou. Ce changement de poste a été provoqué par le fait que le Pasteur Alphonse MBAMA qui occupait la chaire de l'Ancien Testament dans cette dite institution venait d'être élu Président de l'EEC.

En 1990, par la grâce de Dieu, j'ai eu une bourse pour continuer mes études à Yaoundé, en vue d'une thèse. Cette fois-ci, toute ma famille fut avec moi. C'est pendant ce temps que naitra celui que nous avons prénommé Merveil.

Après la soutenance de ma thèse, le doyen de notre Faculté voulut bien me retenir pour occuper la chaire de l'Ancien Testament, mais j'ai privilégié la volonté de l'Eglise Evangélique du Congo qui m'avait envoyé faire la thèse de doctorat.

Chapitre III :

Après la faculté de théologie protestante de Yaoundé

« Qui est comme toi parmi les dieux, ô Éternel ? Qui est comme toi magnifique en sainteté, Digne de louanges, Opérant des prodiges ? » (Ex. 15.11)

1. Souvenirs des guerres à répétition

En 1995, je suis revenu à Brazzaville avec ma famille, après la soutenance de ma thèse de troisième cycle. Cette fois-ci, on m'a confié la charge de conduire le Séminaire théologique de Mansimou, sans que je m'y attende. En fait, ce n'était pas de mon goût, mais j'avais été animé par l'esprit d'obéissance, ainsi j'avais accepté. Connaissant ce que représentait cette charge, je me suis mis à prier pour demander la volonté de Dieu pour cette institution. Après trois mois de prières intenses environ, j'ai compris que le Séminaire allait devenir une université en passant par la Faculté. Les années de guerres multiformes devaient me soumettre à des épreuves incessantes, mais le Seigneur avait manifesté sa fidélité.

1.1. La première guerre vécue est celle de juin 1997

Du fait de la guerre, nous avons fini par nous réfugier au village, à l'ancienne station missionnaire de Musana. A la fin de celle-ci, il y avait plus de peur que de mal pour nous. Le site n'avait pas subi de grands dommages.

1.2. La deuxième guerre qui éclata fut celle de 1998

Lorsque la guerre de 1998 se déclenche, nous sommes en période scolaire à Mansimou. Alors, Je suis Doyen de la Faculté de théologie Protestante de Brazzaville. Parmi les épouses des étudiants se trouvant au campus, une femme enceinte était à terme. Je m'étais décidé d'aller m'enquérir de la situation de l'autre côté du Djoué, un grand cours d'eau séparant notre quartier de la ville. C'était pour voir si je devais évacuer la dame. J'ai pris le véhicule de fonction, conduit par mon chauffeur. Sur la descente conduisant au pont du Djoué, nous avons été tiqués par la présence des hommes armés, mais sans tenue militaire réglementaire. L'un d'entre eux nous avait pointé, mais n'avait pas tiré. Arrivés sur le pont du Djoué, c'est à ce moment qu'on a subitement aperçu une foule des militaires, devant nous, juste après le pont. L'un s'est détaché, nous faisant signe de faire volte-face. Au moment où le chauffeur ralentissait pour s'exécuter, on nous a donné l'ordre d'avancer vers la foule armée jusqu'aux dents. Dès qu'on se fut approché, les détonations ont commencé. C'était le déclenchement de la guerre de 1998.

On ne saura pas comment on était descendu du véhicule et qu'on s'était mis à ramper jusqu'à s'éloigner des coups de feu très nourris. Nous sommes allés du côté du fleuve ; nous avons enjambé un mur séparant le poste de police du Djoué et la rive du fleuve Congo. Sans savoir si on s'en sortirait, on a longé le fleuve Congo. Les pêcheurs qui étaient sur le bord du fleuve ayant été effrayés se mirent eux aussi à courir. On eût à enjamber un autre rempart avant de nous sentir un peu loin des tirs qui continuaient.

On est allé au quartier Makélékélé, où on avait passé la nuit. Tout se passait pendant qu'il était 14heures…

Nous avons passé la nuit chez Monsieur MASSENGO Abel, un diacre, un Inspecteur de l'enseignement primaire retraité.

Le lendemain, vers 13heures, tout semblant calme, on était reparti à Mansimou, passant par le pont du Djoué où il y avait des hommes en armes sans uniforme règlementaire. On se disait que c'étaient les Ninjas, comme on les appelait. Ils nous laissèrent passer. Arrivés au campus de la faculté, il n'y avait personne. La peur était qu'on eût exterminé toutes les familles, car toute la nuit, on avait fait que tirer. Que s'était-il passé ?

Il faut dire qu'avant que la communauté facultaire eût quitté les lieux, tous étaient venus passer la nuit chez moi, en tant que responsable de l'institution. Le lendemain matin, les gens en armes étaient venus me chercher ; ne m'ayant pas trouvé, ils ont sommé les étudiants, le personnel et leurs familles de libérer les lieux.

Ainsi, lorsque le chauffeur et moi arrivons sur les lieux, il n'y avait personne. C'était effrayant. Par la grâce de Dieu, conduit par l'intuition, je suis allé en direction de Sangolo, la paroisse la plus proche. Ce fut un grand soulagement, lorsque j'eus trouvé tout le monde au grand complet…mais ce n'était que le début…

2. Dans un rôle de pionnier

Dieu m'a donné une fertilité d'esprit au point où il y avait toujours des projets innovants à présenter aux instances dirigeantes de notre institution. Une fois l'idée conçue, il fallait mettre la forme et la partager avec les autres pour adoption. Bien que ce fût toujours difficile de faire passer les idées, le Seigneur a donné la force de convaincre. La vérité est que pour certains projets très importants, j'ai bénéficié de l'appui des partenaires de l'étranger pour les faire passer. Ce fut le cas du DEA décentralisé.

2.1. Premier doyen de la Faculté de théologie Protestante de Brazzaville

Il n'était pas facile de faire accepter l'ouverture d'une Faculté de théologie à Brazzaville. L'Eglise Evangélique du Congo, membre fondateur de la Faculté de Théologie Protestante de Yaoundé, a toujours envoyé ses pasteurs à Yaoundé, au Cameroun pour les études supérieures. Et pourtant, du fait des frais des bourses qui n'étaient pas toujours disponibles, très peu de pasteurs bénéficiaient des enseignements de Yaoundé. Naturellement, il se posait un réel problème des cadres valables dans la communauté.

Lorsqu'en 1995, le Synode m'a confié la direction du Séminaire théologique de Mansimou, la première des choses a été de prier pour le cahier des charges. Il était question de demander ce qui devait se faire, car en réalité, je n'avais aucune intention de prendre des responsabilités après ma formation doctorale à Yaoundé. Il me vint l'idée de travailler dans le sens d'ouvrir un cycle de licence en théologie. Notons qu'un des anciens directeurs du Séminaire, le Dr Paul NGUIMBI avait travaillé dans le sens de faire arriver le Séminaire au stade d'un institut. Il faut dire que le dossier était connu dans l'Eglise. Pour plusieurs raisons, j'ai opté pour l'ouverture d'une Faculté de théologie. Alors, cela ne pouvait être facile à faire accepter. Les partenaires Scandinaves s'étant opposés, l'EEC ne pouvait pas facilement accepter l'initiative. Le Bureau synodal d'alors, dirigé par le Pasteur Alphonse MBAMA comprenait bien l'intérêt du projet, mais les difficultés financières et le problème des formateurs rendaient le projet inacceptable. Plusieurs fois, le Bureau synodal nous a entretenus pour avoir de notre part la garantie de la réussite de la réalisation de ce projet. C'était souvent les mêmes questions et les mêmes réponses qui étaient présentées. Evidemment, j'étais le seul enseignant, détenteur du doctorat en théologie en ce moment.

L'idée de la mise en place d'un Conseil d'administration a aussi trainé, avant de voir aboutir le projet de la faculté. Plus je rencontrais quelques écueils, plus j'étais convaincu de l'importance de ce projet. J'ai dû aborder les personnes clés de l'époque une à une, notamment, Séraphin NGOUMA, Secrétaire du synode, Joseph MBAN, ancien vice-Président, Raymond BUANA KIBONGI, ancien Président de l'EEC etc. Après avoir conçu le projet des textes de la future faculté, il nous restait à le présenter à qui de droit. Lorsque le temps fut arrivé, le Bureau synodal me demanda de défendre le projet devant le Conseil synodal et le synode. Par la grâce de Dieu, la présentation et la défense du projet étaient aisées. Ce fut en 1998 que, par la grâce de Dieu, la première rentrée universitaire solennelle avait eu lieu. D'ailleurs ce lancement officiel avait connu la participation de la première autorité de l'Enseignement Supérieur d'alors, en la personne du Ministre LOUMOUAMOU.

2.2.   Le plus difficile avec la jeune Faculté de théologie

Etant le seul enseignant, titulaire d'un doctorat, alors, il me fallait donc travailler avec les facultés amies. A Kinshasa, En France, en Belgique et en Suisse, nous avions des relations qui nous avaient soutenus. Chaque semaine, nous avions des étrangers à recevoir. Jacqueline ma femme avait le lourd fardeau d'accueillir à sa table nos visiteurs. Combien de temps cela devait-il durer ? Nous avons senti le poids. Comme nous continuions de prier, le Seigneur nous mit à cœur une idée : Le DEA Décentralisé.

2.3. Le DEA décentralisé

A l'ouverture de la Faculté, l'Eglise évangélique du Congo comptait plus d'une dizaine de maîtres en théologie. L'EEC ne pouvait nullement disposer des moyens financiers pour former des formateurs d'un niveau doctoral à l'étranger. Ainsi, l'idée vint de former des DEANTS en théologie sur place, alors que nous n'avions que le cycle de licence qui venait de commencer.

Le projet a consisté à former des enseignants sur place, avec le concours des partenaires étrangers. Ce projet fut repoussé par les autorités de l'Eglise Evangélique du Congo et par le Conseil d'Administration de la faculté que je dirigeais. Convaincu de la pertinence de ce projet, afin de sauver la vie de la faculté qui courait le risque d'être fermée par manque d'enseignants, en tant que Doyen je me rendis à Kinshasa, à l'Université Protestante au Congo. Il sied de signaler qu'on collaborait déjà avec l'UPC depuis l'ouverture de cette jeune faculté. Le Recteur de L'UPC, le Professeur NGOY BOLIYA m'ayant reçu, je lui exposai l'idée du projet du DEA décentralisé. Contre toute attente, il appela tout son staff, et me donna la parole pour expliquer. Alors, d'un commun accord, ils marquèrent tous leur adhésion, s'engageant à aider la jeune Faculté. A l'instant, un protocole d'accord fut rédigé et signé.

Revenu à Brazzaville, nous avons reçu le Pasteur Bernard COYAULT, un envoyé du DEFAP, France. On s'est accordé à me rendre en France pour une visite de travail. Au DEFAP, on a invité les sommités intéressées par la question de la formation des cadres. Lorsque j'ai présenté le projet du DEA décentralisé, avant vingt minutes de mon exposé, tout le monde a adhéré. Du coup, le principe d'accord a été adopté. Un protocole d'accord devait être élaboré et être signé. Cependant, ils ont demandé d'aller expliquer ce même projet à Strasbourg, à Vaux-sur-Seine, à Aix-en-Provence et à Montpellier. Après cette ronde très fructueuse, je suis rentré à Paris, et nous avons signé le protocole d'accord.

C'est en rentrant à Brazzaville, lorsque j'ai exposé la moisson de l'UPC et de la France, que les autorités de l'EEC ont accepté le projet qui a connu un succès inédit. Gloire soit rendue à Dieu ! C'est ainsi que les professeurs de Kinshasa, de

France, de Suisse sont venus encadrer nos candidats qui finalement sont allés jusqu'à soutenir leurs thèses de doctorat, après le DEA décentralisé.

2.4. Premier recteur de l'Université Protestante de Brazzaville

Comme pour l'ouverture de la faculté de théologie, la création de l'Université Protestante de Brazzaville n'a pas été facile. Il y a eu beaucoup de réticence et même d'opposition. Je me suis appuyé sur le document « Collaboration en des temps nouveaux ». En effet, dans ce livre écrit en 1993, l'EEC et ses partenaires scandinaves présentaient la vision commune de leur futur. Dans le chapitre concernant la formation, j'avais relevé l'idée de la création future d'une école polytechnique et d'un institut. Le contexte changeant, nous avons adapté cela à la création d'une université. Qui pouvait accepter une telle initiative ? Heureusement, cette fois, le Conseil d'Administration dirigé par le Professeur Lévy MAKANY a pris le dossier en main, jusqu'à son aboutissement. Le synode a adopté le projet, et je fus nommé premier recteur de l'Université Protestante de Brazzaville.

2.5. Premier responsable de la commission synodale des ministères

Il faut dire que, être pionnier dans une entreprise n'est pas aisé. L'Eglise Evangélique du Congo n'a jamais eu de Commission de Ministères. Lorsque le Conseil synodal m'a nommé comme responsable, il a fallu revoir la composition des membres, élaborer les textes devant régir la commission. On a donc fait le projet de règlement intérieur. Ce document a été soumis au Conseil synodal pour adoption. Si l'encadrement des candidats à la consécration n'a pas connu des problèmes, c'est l'accompagnement des serviteurs qui demande plus d'attention, car chaque cas est unique. Sur la base des dossiers traités, les autres pourront mieux faire. Nous rendons grâce à Dieu pour les aptitudes qu'il nous a accordées en lançant l'œuvre de la commission synodale des ministères de l'EEC.

3. Rendre grâce à Dieu en toutes choses

Il y a un temps pour tout, dit l'Ecclésiaste. Ce que Dieu nous avait révélé au début a été totalement accompli. Du Séminaire, il fallait arriver à l'université. Voilà ce qui a été fait, malgré les écueils dont nous n'avons pas trouvé utile d'être mentionnés. En 2012, nous avons cédé le témoin du rectorat, mais c'est en 2015 que nous avons, par la grâce de Dieu fait valoir nos droits à la retraite.

Deuxième partie

Qui peut compter les bienfaits de Dieu ?

« L'Eternel appauvrit et il enrichit, Il abaisse et il élève. » (1 Samuel 2 : 7)

« Chantez à l'Eternel un cantique nouveau ! Chantez à l'Eternel, vous tous, habitants de la terre !

Chantez à l'Eternel, bénissez son nom, Annoncez de jour en jour son salut !

Racontez parmi les nations sa gloire, Parmi tous les peuples ses merveilles ! »

(Ps 96, 1-3)

Chapitre I :

La naissance des enfants SITA

Les enfants sont un don de Dieu, affirment les Saintes Ecritures, cela n'est-il pas vrai? Chaque couple vit son expérience sur ce point. Le couple SITA a la sienne et ne peut l'oublier, dans ce moment où il va bientôt fêter ses cinquante ans.

1. Impatience de notre couple

Nous devons avouer que la naissance des enfants commençait à nous préoccuper à la deuxième année de notre union conjugale. Nous étions logés au siège de la paroisse de Mvou-Mvou à l'époque, comme je travaillais à la librairie évangélique, succursale de Pointe-Noire se situant en bordure du grand marché de ladite ville. La Paroisse ayant reçu le Pasteur évangéliste National Daniel NDOUNDOU et son équipe de l'évangélisation, nous avions saisi l'occasion pour soumettre notre préoccupation en prière. Dieu révéla que les enfants devaient naitre. Cela nous rassura, et quelque temps seulement, le premier était conçu.

2. Des naissances sans problème particulier

Parmi nos sept enfants, c'est Ruth et Louanges, pour qui nous n'avons pas eu trop de peines lors de leur naissance. Cependant, Ruth est une miraculée ; elle devait mourir à l'âge de trois ans à cause de la rougeole. Alors qu'on était en réanimation, et qu'on n'acceptait pas qu'il y eut deux gardes malades, j'ai supplié les agents de santé de me laisser veiller sur ma fille. J'ai dû rester en prière en veillant, car je comprenais la gravité du cas. Quelle ne fut pas la joie des médecins lorsque Ruth était guérie ! Nous avons beaucoup loué le Seigneur qui nous avait exaucés.

3. La naissance de nos jumeaux

Notre Dieu est souverain. Mon enfance et mon jeune âge n'ont pas été faciles. Les conditions de vie étaient difficiles. Devenu mature, j'ai entretenu l'idée de n'avoir que trois enfants, afin de mieux prendre soin d'eux, vu ce que j'avais souffert. Lorsque les deux premiers enfants étaient déjà nés, nous avons résolu de faire usage de la contraception de façon rigoureuse. On a utilisé le stérilet qui était un moyen efficace, aux dires des sages-femmes.

3.1. La surprise

J'étais étudiant au séminaire théologique. Ma femme qui était enceinte était à terme, la contraception ne s'étant pas avérée efficace. Lorsque le jour de l'accouchement arriva, comme toujours, j'ai accompagné ma femme à la maternité. Les sage- femmes de la maternité du centre hospitalier de Makélékélé l'avaient gentiment accueillie. J'étais alors dehors pour attendre. Plus d'une heure plus tard, une sage-femme sortit pour m'annoncer la naissance des jumeaux. Je n'étais pas préparé à une telle éventualité. J'ai même pensé que la sage-femme s'adressait à quelqu'un d'autre. Comme elle me fixait, j'ai réalisé que c'était bien à moi qu'elle parlait. La surprise était normale, car l'échographie n'était pas encore connue par le bas peuple au Congo. La radiographie était prescrite pour des cas majeurs. Alors, la surprise était très grande. Cependant, ma femme avait accouché avant terme ; les jumeaux devaient donc être mis sous couveuse au CHU de Brazzaville. Ils y ont passé trois mois pour atteindre le poids requis avant la sortie. Ce fut une bénédiction lourde pour moi, car j'étais à l'école, et je devais m'occuper en même temps de ma femme et des enfants.

3.2. **La tradition**

Dans la tradition de nos ancêtres, lorsqu'on donnait naissance à des jumeaux, on devait se soumettre à plusieurs recommandations. Les jumeaux devaient porter des uniformes ; les parents portaient les noms de « Ta Ngoudi (père des jumeaux) et de « Ma ngoudi » (mère des jumeaux) ; on devait saluer les gens avec ses deux mains. Nous n'avons pas observé ces règles édictées par la coutume. Lorsqu'on me reprochait de ne pas saluer les gens avec les deux mains, je répondais : et si j'avais donné des triplés devais-je saluer les gens en donnant aussi le pied, puisque je n'ai que deux mains ? On riait, et ça passait. Les jumeaux ont grandi sans problème. Par la grâce de Dieu, aujourd'hui, l'un est docteur en théologie, l'autre est agent dans une société pétrolière de grand nom.

4. **La naissance de notre benjamin**

A la naissance de notre sixième enfant, l'accouchement était très difficile. On a même recouru à la césarienne pour sauver la vie de ma femme. Bien entendu, avant cette intervention chirurgicale, le médecin est venu vers moi pour les formalités d'usage. J'en avais profité pour demander la ligature des trompes, pour enfin arrêter les naissances. En dépit du fait qu'il m'était demandé de m'engager par écrit, je n'avais pas hésité de signer. Ainsi, on fit la ligature des trompes.

Nous étions au Cameroun, pour mon cycle doctoral, ma famille et moi, lorsque sept ans après la ligature des trompes, ma femme fut de nouveau enceinte. Les médecins étaient dépassés par ce qui nous était arrivé. Après une deuxième césarienne et une deuxième ligature des trompes, j'ai pleuré littéralement et chaudement devant le Seigneur pendant des jours pour demander l'arrêt des naissances. Le Seigneur, dans une révélation nous rassura enfin, nous disant que de nous-mêmes, nous ne pourrions pas arrêter, et que dès ce moment il faisait grâce, arrêtant la venue des enfants. Voilà comment les naissances se sont arrêtées dans le couple SITA.

5. **Projets de paix et non de malheur**

Les voies du Seigneur sont insondables. Nous étions à quelques années de notre retraite. On voulait avoir notre maison de retraite proche d'une paroisse, d'une école, d'un centre de santé et d'un marché. On s'est mis à prier des années durant. Ce fut un temps où je recevais une personne qui venait demander la prière concernant une parcelle qu'elle s'était proposée de vendre. Pour le couple SITA, c'était clair que cette parcelle devait être trouvée à Mansimou, quartier où nous avons passé l'essentiel de notre vie professionnelle. Lorsque la personne venait avec son sujet d'intercession concernant la vente d'une parcelle qui se trouvait à Météo, je ne pouvais nullement être intéressé ! La deuxième année de la recherche d'un client pour l'achat de cette parcelle, le Seigneur nous dit que nous devions nous engager dans l'achat de cette parcelle. Nous avons cru que c'était l'ennemi qui voulait nous tendre un piège. Des mois plus tard, la voix nous dit de vendre tout ce que nous avions pour acquérir cette parcelle mise en vente. Nous avons résisté, mais la voix persistait, au point qu'on commençait à prendre cela au sérieux. C'est ainsi qu'on mit en vente deux de nos parcelles acquises à Pointe- Noire et à Brazzaville…Incroyable, mais vrai. Dieu est bon. Très tôt, Il nous avait inspirés, achetant des terrains, malgré nos faibles moyens. Nous nous étions privés de beaucoup de choses pour y arriver, sans savoir ce que le Seigneur nous réservait grâce à ces privations.

6. La vie du culte de famille

Au commencement de mon ministère, j'étais célibataire. J'ai été hébergé par le pasteur responsable de la paroisse de Ouenzé, le Pasteur DOUMA Emmanuel. Ce qui m'a frappé est qu'il avait une vie de prière intense. Chaque soir, il tenait un culte de famille ; cela m'a beaucoup impressionné. Lorsque j'ai pris femme, j'ai inculqué cette vie dans ma petite famille ; d'ailleurs, plus que ce que j'avais appris dans la famille de mon mentor, nous avons eu plus de moment et de retraite spirituelle de famille. Nous aimions louer le Seigneur. Lorsque les enfants ont commencé à prendre de l'âge, nous avons acheté une guitare que l'aîné a vite apprise à jouer. Finalement, ses cadets lui emboîtèrent le pas si bien qu'une chorale s'est formée à partir de notre famille. Il s'agit de « Living water ». Il faut dire que nous avons eu de moments bénis en famille. Les enfants ont soutenu notre sacerdoce, surtout pendant nos moments difficiles.

Chapitre II :

Mes parents rappelés à Dieu

« *Voici, tu as donné à mes jours la largeur de la main, Et ma vie est comme un rien devant toi. Oui, tout homme debout n'est qu'un souffle.* » (Ps 39.6-7)

Mes parents m'ont donné la vie, m'ont élevé, m'ont soutenu dans l'exercice de mon sacerdoce. Je les ai reçus dans leurs vieux jours. Je les ai accompagnés…

1. La mort de mon Père

J'étais au Cameroun pour mes études doctorales avec ma petite famille. Un jour, il était neuf heures. Je me suis installé dans mon bureau pour travailler. Comme cela était de coutume, j'ai prié. Et, après ma prière, j'ai allumé la radio sans aucune intention. Dès que j'eus allumé la radio, c'est le communiqué annonçant le décès de mon père qui passait à la radio Congo, alors que je n'avais jamais suivi cette chaine qu'on captait très difficilement à Yaoundé. Après ce communiqué nécrologique, je me suis agenouillé pour rendre grâce à Dieu. J'ai informé ma femme de la triste nouvelle, et je suis allé demander la permission au doyen de la faculté pour me rendre au Congo. Lorsque je suis arrivé à Brazzaville, c'était la nuit. La surprise était grande pour tous. Tout le monde pensait que j'étais informé par l'un de mes amis par téléphone, ou par un autre message. Dieu est grand et fidèle en toute chose. Bien que l'enterrement ait déjà eu lieu avant mon arrivée, j'ai pu faire construire la pierre tombale avant de retourner au Cameroun. Notre papa nous a quittés à quatre-vingt-quatre ans. Il fut inhumé au cimetière privé de Musana, lieu où reposent plusieurs des patriarches de notre consistoire.

2. La mort de ma mère

Je partais pour une mission en France. Compte tenu de l'état de santé très critique de ma mère, je savais que je n'allais pas venir la trouver vivante. Comme elle était restée avec moi après le décès de mon père, en partant en voyage, j'avais pris soin de la laisser chez mon beau-frère, le mari de ma grande sœur. J'ai laissé les ordres concernant les obsèques. Les veillées devaient durer cinq jours au maximum. C'est ce qui fut fait. Par un songe, je sus que maman nous avait quittés. C'était à Pâques. De retour à Brazzaville après ma mission, je n'eus qu'à aller poser une gerbe de fleur sur la tombe de maman, celle qui m'avait fait repartir à l'école, lorsque j'avais arrêté. Je n'oublierai jamais ses prières en faveur de mon ministère.

Chapitre III :

Au-delà de mes attentes

« Car mes pensées ne sont pas vos pensées, et vos voies ne sont pas mes voies, dit l'Éternel. Car autant les cieux sont élevés au-dessus de la terre, autant mes voies sont élevées au-dessus de vos voies et mes pensées au-dessus de vos pensées. »

(Es 55.8-9)

1. Le pasteur Joseph SITA, dans sa relation avec Musana, son consistoire d'origine

Resté attaché à mes racines, j'ai assumé des responsabilités qu'on peut qualifier d'extra administratives.

1.1. Un choix inattendu

Dans la culture africaine, il est connu que les anciens, les aînés sont respectés, vénérés. Cependant, un ancien pasteur de Musana, a eu la grâce d'avoir plus d'une possibilité d'avoir droit au respect dû aux aînés. Selon lui, on n'est pas seulement respecté du fait du droit d'aînesse ; ce droit au respect peut venir d'un grade académique, d'un rang administratif, politique, militaire ou même coutumier.

Le consistoire de Musana a vu la dignité de l'un de ses enfants s'accroître. Il s'agit du Pasteur Raymond BUANA KIBONGI. Parmi les premiers cadres de notre église, et même de notre pays, très tôt, il a reçu l'appel de Dieu. La consécration pastorale et les postes occupés ont fait de lui une référence, un conseiller pour ceux de son consistoire d'origine, Musana. De ce fait, il était le premier sage du consistoire ; on a eu recours à lui pour les questions pointues.

1999, année de la mort du Pasteur Raymond BUANA KIBONGI, le consistoire de Musana et ses ressortissants résidants à Brazzaville ont décidé de me confier la responsabilité d'aumônier. J'aurai pu décliner cette offre, mais mes aînés comme le Pasteur Jacques LOUBAMBA encore vivant m'avait encouragé à assumer cette charge. En effet, j'aurais souhaité qu'on confie cette responsabilité à l'un de mes aînés. Ainsi, je me suis engagé à conduire quelques projets liés au développement :

1.2. Un dalot sur la rivière Musana

Il a été construit un pont sur la rivière Musana, au lieu du baptistère, afin de rendre accessible l'exploitation agro-pastorale du consistoire sise à Kinzialou, à quelques encablures du siège du consistoire. Par la grâce de Dieu, avec une levée des fonds que j'ai animée, l'ouvrage a été commencé et achevé.

1.3. Construction du complexe scolaire de Musana à Brazzaville

Avec une note signée par le coordonnateur Anderson KEBANSILOULOU, de juin à septembre 2016, j'ai dirigé la construction des trois premières salles de classes et de deux bureaux du complexe scolaire de Musana sis à Mantébé, sous- quartier du 8è arrondissement de Brazzaville, appelé Madibou. Contre toute attente, par la grâce de Dieu, la rentrée eut lieu cette même année. D'ailleurs, dans la concession de cette école, une campagne d'évangélisation annonçant la première rentrée eut lieu avec un grand succès. Plus de 50 personnes acceptèrent Jésus-Christ à cette occasion.

1.4. Achèvement de deux appartements à louer

Avec une note signée par le coordonnateur Caleb NONDELE MAYANGUI en 2017, je me suis engagé dans les travaux de finition du chantier de construction de deux appartements jumelés dans la parcelle du consistoire de Musana, sise au 32, de la rue Zonzo, au quartier la Base à Brazzaville. Concomitamment à l'exécution des travaux du quartier la Base, par la grâce de Dieu, j'ai conduit la construction des trois autres salles de classes du Complexe scolaire de Musana, à Mantébé, Madibou, Brazzaville. Musana devint sans me tromper le premier consistoire du milieu rural à avoir une école privée de l'enseignement protestant en milieu urbain.

1.5. Le projet d'adduction d'eau de Musana

En 1988, Musana, siège du consistoire a bénéficié, par les amis norvégiens d'un projet d'adduction d'eau. Ce travail a été conduit par monsieur Geir OMMUDSEN.

Après 30 ans d'interruption de la fourniture d'eau, sous l'impulsion du Seigneur, j'ai lancé l'opération de la réhabilitation de l'adduction d'eau de Musana le 2 février 2022. Monsieur Gervais NKOUKA, ingénieur en génie énergétique et froid industriel de son état, a accepté volontiers de s'investir dans ce travail, sous la conduite de l'homme de Dieu. Un château d'eau de 15m^{3}a été construit à côté de l'ancienne citerne laissée par les missionnaires. Cette entreprise fut très harassante, mais Dieu nous mit à cœur d'aller à Musana régulièrement pendant plus d'un an.

2. Paroissien du Plateau à Brazzaville

Actif dans la paroisse du Plateau, consistoire de Brazzaville 1, j'ai participé, comme tout fidèle, dans la vie de la communauté. Alors que plus de trente ans, ma famille fut membre de la paroisse de Mansimou, pourquoi adhérer à la paroisse du Plateau ?

Parmi les raisons, on peut citer les cinq célébrations de bénédiction nuptiales de nos enfants ayant eu lieu dans cette paroisse :

- Delphe, l'aîné de nos enfants s'est marié au « Petit temple » de la paroisse, comme on l'appelait jadis ; cependant, la célébration avait eu lieu dans le jardin. Ce moment nous restera inoubliable.

-Ruth, notre deuxième enfant s'est mariée dans le temple de la paroisse, le Temple du centenaire. Elle est la première qui a célébré le mariage dans le Temple du centenaire. Son mari, Hughes MATONDO était venu des Etats Unis. Il faut dire que c'est avant la dédicace de ce temple que cette célébration avait eu lieu ; le débat était inévitable. Fallait-il autoriser une célébration de mariage dans un temple non dédicacé ? Dieu merci, le Pasteur Edouard MOUKALA, pasteur responsable d'alors accepta d'y bénir le couple. La cérémonie était belle !

-Louanges, troisième de nos enfants, elle aussi, partie du Ghana avec son fiancé Patrick Hervé MANG, sont arrivés pour le mariage, et pour le baptême de son mari. Alors tout s'est passé au temple du centenaire.

-Stina a aussi reçu sa bénédiction nuptiale dans le temple du centenaire. Son époux, Gir Herder MALANDA et son épouse sont venus de Pointe-Noire pour cet évènement heureux.

-Merveil, le Benjamin des SITA, lui aussi a célébré son mariage au Petit temple, comme son aîné. La particularité était le contexte du Corona virus dont les mesures barrières venaient d'être publiées par le gouvernement. On ne devait pas être plus de cinquante réunis en un lieu, en respectant aussi la distanciation physique. A la mairie centrale, les autorités ont bien voulu être rigoureuses, mais, on était plus d'une centaine dans la salle de mariage, l'évènement étant grand. A la paroisse, pour la bénédiction nuptiale, le même problème s'était posé. Cependant, il n'y avait pas moins de deux cents participants. La fête était très belle. Gloire soit rendue à notre Dieu !

-Ces souvenirs ont contribué au choix du lieu où nous avons décidé d'attendre le Seigneur après l'avoir servi près de quarante ans avant la retraite.

3. La retraite n'est pas la fin de la mission

3.1. Appel du Grand Séminaire Emile Biayenda.

Six ans passés, je n'avais plus de contact avec les auditoriums. Ce fut à peine pensable que je sois appelé pour dispenser le cours d'initiation à l'hébreu biblique dans une école de grand niveau comme le Grand Séminaire Emile Biayenda à Brazzaville. Tout commence avec l'appel téléphonique de Monseigneur MOUANGA, Evêque du diocèse de KINKALA. Six mois plus tard, il m'a rappelé pour confirmer, me demandant de constituer un dossier. J'allais dire non, mais j'ai pensé que c'était le Seigneur qui m'appelait pour aller vivre cette expérience. Il faut affirmer que j'allais rater des bénédictions en refusant. Quelle belle expérience œcuménique j'ai vécue au milieu des professeurs et étudiants du Grand Séminaire pendant trois ans ! N'eût été mon voyage en France, rien ne m'aurait arrêté d'accompagner ces étudiants avec lesquels je m'étais vite familiarisé.

3.2. Professeur Emérite

Par décision du 26 novembre 2022, et selon la délibération n°1/CA/UPB/12-2022, le Conseil d'Administration m'a fait l'immense honneur de reconnaître ma contribution à l'Université Protestante de Brazzaville en lui décernant le grade de Professeur émérite. Une cérémonie solennelle circonstancielle de collation de grade fut organisée dans ladite institution une année plus tard. Comment ne pas louer notre Dieu ?

4. A la manière d'Abraham !

Humainement, à 74 ans, impossible de s'attendre à un tel voyage. Et pourtant, mon épouse et moi nous sommes retrouvés en mission dans l'Eglise Evangélique Christ Notre Rédempteur à partir du 20 Janvier 2024. Le Président de cette communauté, sous l'inspiration du Seigneur nous a joints, nous demandant de venir partager notre expérience avec cette dite communauté.

Or, en 2012, J'étais opéré de la prostate. Tout s'était pourtant bien passé. Cependant, quelques années plus tard, j'ai constaté que j'évacuais du sang dans les urines (hématurie). J'ai consulté des médecins. Tous me disaient que, en Europe, on me soignerait mieux. Il n'y a pas eu moins de quatre qui me l'ont répété. En fait, c'était des symptômes d'un cancer de prostate que les médecins redoutaient. Chaque fois qu'on me le disait, je ne voyais aucun intérêt à une telle possibilité, car cela était tout simplement impensable et impossible, connaissant les conditions d'obtention du visa Schengen. Je n'ai donc pas fait de cela une préoccupation majeure. Je continuais à servir le Seigneur sans faiblir, bien que retraité.

Bien entendu, certains bien-aimés vivant en Europe ont émis cette éventualité de m'accueillir, mais cela ne s'était pas avéré ferme. Ce n'était pas de leur faute, car la responsabilité était grande de prendre un tel engagement.

Alors, c'est un de mes enfants qui m'a fait la grande surprise au départ, peu convaincante. Une église voulait avoir notre expérience de Pasteur en France, avec l'obligation d'aller en couple, donc avec mon épouse. Qui pouvait croire à un tel projet qui ressemblait à un jeu d'arnaque ? Non ! C'était trop beau pour être vrai ! Nous n'avons pas répondu précipitamment. Nous sommes allés chercher la face du Seigneur au village, un coin calme. Nous avons supplié le Seigneur pour qu'il nous fasse connaître sa volonté. Bien entendu, la réponse était de faire tout ce qu'on nous demanderait, le reste, il s'en chargerait. Jusque-là c'était comme un rêve. La constitution de nos dossiers de demande de visa fut un grand problème. Depuis peu, toute demande de visa se faisait en ligne. Nous n'avons pas eu suffisamment d'aptitude en informatique et l'internet pour nous engager dans une telle aventure. Il a fallu donc l'expertise des tiers, pour nous aider à relever le défi de la soumission du dossier au consulat et obtenir un rendez-vous. Il faut dire que le jour du rendez-vous, nous n'étions pas les seuls ignorants du nouveau système de demande de rendez-vous en ligne. Il fallait payer encore les frais d'enrôlement des dossiers en vue de la validation de l'entrevue.

Le jour prévu pour le voyage était déjà passé. On n'avait toujours pas été appelé pour la suite de nos demandes de visas. Pour moi, le silence était synonyme de refus. C'est le 18 janvier, alors que j'étais loin de la maison, et ce dans mes courses de la journée, que je reçus l'appel de la structure qui désormais avait la charge de recevoir les demandes et remettre les passeports aux demandeurs de visas. Vite, j'ai appelé ma femme, et j'ai pris la route pour la maison où mon épouse m'attendait pour nous rendre au service des retraits des passeports. Il était onze heures, lorsque nous sommes arrivés audit bureau. A tour de rôle, lorsqu'on nous a tendu les enveloppes, et que chacun a ouvert l'enveloppe, nous avons remarqué que le visa était accordé ! On n'avait plus qu'à courir à la banque, retirer l'argent nécessaire pour l'achat des billets et permettre les formalités d'usage. Était-ce la réalité ou un rêve ? On ne cessait de se poser cette question. Voilà comment on est arrivés en France un 20 janvier 2024. Notre première intervention avait lieu le dimanche 21 janvier 2024.

Dieu fait grâce à qui il fait grâce.

Chapitre IV :

La grâce de Dieu dans la fertilité de l'esprit

« Heureux l'homme qui ne marche pas selon le conseil des méchants, Qui ne s'arrête pas sur la voie des pécheurs, Et qui ne s'assied pas en compagnie des moqueurs, Mais qui trouve son plaisir dans la loi de l'Éternel, Et qui la médite jour et nuit ! Il est comme un arbre planté près d'un courant d'eau, Qui donne son fruit en sa saison, Et dont le feuillage ne se flétrit point : Tout ce qu'il fait lui réussit. » (Ps. 1. 1-4).

1. Création des associations

Dieu a béni l'homme de Dieu de façon abondante. Les inspirations n'ont pas été limitées. Chaque fois qu'une idée naissait et qu'elle persistait, cela créait une préoccupation pressante. Devenant comme un feu dévorant, l'homme de Dieu ne pouvait que marcher. Malheureusement, il y en avait trop, selon l'avis de certains. Ainsi, le domaine des associations s'est imposé à cet humble serviteur.

1.1. APROTECH

Pour participer à la vie nationale en général, et aider notre zone d'origine en particulier en matière de développement, l'idée de créer une association m'habita. Ainsi, le 5 octobre 2008, sur notre initiative, nous avons créé l'association dénommée « Action pour la production, la Protection de l'environnement et l'habitat », en sigle APROTECH. Le récépissé porte le n°6 du 28 juillet 2009. Après avoir présidé pendant quelques années de mise en route de cette jeune association, nous avons passé le témoin de la présidence à la Pasteure KONGO LOCKO.

1.2. A.O.A.R

La création de l'Association des Ouvriers Apostoliques Retraités, en sigle A.O.A.R a été aussi conduite par nous. On en deviendra le premier président, malgré mon avis qui n'était pas celui-là. Il sied de noter que la naissance de cette association a eu lieu à mon domicile, après quatre ans de rencontres informelles, mais de travail très sérieux en faveur de l'Eglise Evangélique du Congo.

En ce moment, l'association continue ses activités, sous la conduite de son Secrétaire général.

1.3. Coopérative apicole « Maman SITA »

Comme activité lucrative de la retraite, le couple SITA a trouvé bon de se lancer dans l'apiculture. Les informations reçues sur les vertus du miel ont réveillé notre attention. Le miel qu'on trouvait sur le marché était trafiqué. Or, le couple SITA avait acquis un domaine à Musana, aboutissement d'une mission qui était confiée au Pasteur BUANA KIBONGI. En 1996, la procédure d'acquisition de ce terrain avait commencé. Un verger avait aussi vu son début. Ainsi, plus de vingt ans après, le verger était déjà installé. Pour plus de développement de ces activités, nous avons pensé mettre sur pied une coopérative. Malheureusement, même si cette activité a commencé, et que les textes de l'association ont été finalisés, on n'est pas arrivés au point de l'officialisation. Nos voies et nos pensées ne sont pas toujours celles de Dieu.

Troisième partie

De la mission prophétique des anciens à la création d'une association

*« Fils de l'homme, je t'établis comme sentinelle sur la maison d'Israël. Tu
écouteras la parole qui sortira de ma bouche, et tu les avertiras de ma part. »*

(Ez 3.17)

La vie de l'homme est comparable à un long voyage avec beaucoup d'inconnus. Il
en est de même pour l'existence d'une communauté chrétienne. L'Eglise
Evangélique du Congo, fondée en 1909 a dépassé la centaine depuis plus d'une
décennie. Il ne sera donc pas étonnant qu'en relisant son histoire, l'on remarque
des étapes variées et diverses de sa vie.

Notre prière, d'entrée de jeu, est que cette publication ne soit pas un piège pour qui
que ce soit. Il s'agit d'une interpellation qui s'adresse à l'Eglise Evangélique du
Congo en général et aux anciens, aux fidèles d'un certain âge en particulier. La
jeune génération tirera également des leçons sur le vécu dont nous allons parler.

Par ailleurs, il convient de vite signaler que le concept « ancien » n'est pas
officiellement utilisé dans l'EEC pour parler des autorités de celle-ci. Dans le
contexte présent, le mot ancien fera penser aux personnes âgées.

Comme on le sait, dans nos familles, papa et maman, même encore jeunes ont une
grande responsabilité sur leurs enfants, et même sur ceux qui vivent sous leur toit.
Au niveau d'un clan, la place des personnes âgées n'est pas négligeable. La Bible,
particulièrement parle des anciens, des personnes âgées avec leur rôle en Israël et
dans l'église primitive.

Par la grâce de Dieu, les anciens de l'EEC ont joué un rôle qu'on ne peut percevoir
qu'à travers les actions concrètes qu'ils ont menées à un moment donné. Il s'agit
des réflexions entreprises, amendées, adoptées, signées par les anciens, de façon
circonstancielle. Ainsi, on n'aura pas les mêmes signataires pour tous les
documents que nous nous permettons de compiler, car il ne s'est pas agi de l'action
d'un organe formellement reconnu. En fait, ceci est comparable à l'action des

prophètes qui ont surgi au milieu du peuple d'Israël pour une mission précise. Jean Baptiste aussi parut, comme sortant du néant, mais il a accompli sa mission. Pour les besoins de l'histoire, nous estimons que l'œuvre des anciens qui a aidé l'EEC à éviter le chaos mérite d'être gardée dans les archives. Par ailleurs, nous gardons l'authenticité et la chronologie des écrits dont le nombre n'est pas exhaustif. Par la grâce de Dieu, en tant que concepteur de ces documents, nous bénissons Dieu qui a utilisé ses serviteurs, laïcs et ecclésiastiques qui ont apprécié, amendé, validé et signé les projets qui leur étaient soumis.

Chapitre I :

Premier document

REACTION DES ANCIENS, MEMBRES DE L'EEC, PORTANT SUR LE « MEMORANDUM EN VUE DE LA REFORME DES INSTITUTIONS DE L'EGLISE EVANGELIQUE DU CONGO »

Nous rendons grâce à Dieu qui permet que nous puissions nous exprimer sur une question aussi sérieuse que celle qui concerne la vie de notre Eglise. En effet, il nous a été remis un mémorandum tel que ci-haut intitulé, le 14 décembre 2019. La première mouture de ce mémorandum porte la date du 25.9.2019. Ce dit mémorandum était destiné au Conseil synodal, S/C du Bureau synodal de l'EEC. Le présent document résume donc l'essentiel de notre humble avis. Cependant, avant de commencer notre présentation, il nous revient à l'esprit un questionnement brûlant de la part du Seigneur qui, quelques mois auparavant, s'adressait aux docteurs en théologie de l'Eglise évangélique du Congo en ces termes : « Pourquoi es-tu docteur en théologie ? Pour qui es-tu docteur en théologie ? »

1. Le sujet de notre reconnaissance.

Nous nous réjouissons du fait que le mémorandum en examen révèle entre autres:

- L'exaucement des prières de certains membres de l'EEC qui se préoccupaient pendant longtemps du manque criard des cadres d'un certain niveau est en voie d'être une réalité.

- L'EEC a des serviteurs qui prennent à cœur la vie de celle-ci ; le décryptage présenté dans les constats relatifs au dit mémorandum en fait foi.

- Les initiateurs du mémorandum ont accepté de soumettre leur projet à la lecture et à la critique des autres (cf. Introduction et conclusion). Voilà une façon de faire très responsable.

- En toute honnêteté, le concepteur fait bien entre autres, de reconnaître et de mettre l'accent sur la « crise managériale », « l'incompétence de certains animateurs des structures de base et des instances dirigeantes ». Autrement dit, ce mémorandum semble combattre la médiocrité, la dictature, la léthargie etc.

- Les problèmes posés par nos Textes fondamentaux sont au cœur de ce mémorandum. Cela est très évident (7pages sur 9).

- En définitive, nous sommes invités à lire et relire les Textes fondamentaux de l'EEC, pour y repérer les insuffisances, cela est vrai ; de toute évidence, il peut se poser un problème de réactualisation par rapport au contexte concerné. Par exemple, l'EEC a formé un certain nombre de cadres, par rapport aux années passées ; comment les utiliser pour en tirer le plus grand avantage sur le plan communautaire ? Bien entendu, tout n'est pas d'être détenteur d'un diplôme, quel qu'il soit.

II. Le sujet de nos inquiétudes

A la lecture de ce mémorandum, on peut se permettre certaines questions :

- Le chaos actuel de l'EEC, n'est-il finalement imputable qu'aux textes ? La réalité est qu'on a toujours révisé les textes qui régissent l'EEC. Surtout, le bureau synodal actuel n'est pas le seul ou le premier à utiliser les Textes fondamentaux en vigueur.

- Si depuis plus de 20 ans (P.1), on a décrié des maux dans l'EEC, sont-ils réellement les mêmes ? Les caractéristiques du leadership actuel, se sont-elles toujours manifestées avec la même acuité dans le passé ?

- L'ampleur des dégâts concernant les détournements de fonds, les abus du pouvoir, l'immoralité du clergé sont-ils réellement et essentiellement causés par les faiblesses des Textes fondamentaux ?

- L'appel à une révision urgente des Textes fondamentaux de l'EEC ne risque-t-il pas d'être incompréhensible ?

- Il semble que, pendant toute cette mandature, on a fait que supputer sur un deuxième mandat à accorder au Président actuel. Ce mémorandum, ne risque-t-il pas de corroborer le sens de ce mandat qu'on voudrait arracher coûte que coûte ?

- Finalement, la crise multidimensionnelle actuelle qui fait gémir les serviteurs avec les problèmes des salaires et ceux de la CNSS, est-elle volontairement aggravée pour ne pas avoir un synode, tel que prévu dans les textes de l'EEC ?

- Si, investi de tout pouvoir, selon l'article 63 des statuts, la gestion de l'EEC est chaotique, que sera cette période inconnue où l'actuel Bureau synodal ne s'occuperait que des affaires courantes ?

- Le mémorandum est en train de décrier le non-respect des textes. Faut-il se baser sur un non-respect des textes en révisant les textes actuels ? Quel que soit le texte juridique, si on est mal intentionné, on peut toujours l'utiliser pour détruire l'Eglise.

- Dans le paragraphe 2.4, le mémorandum dit entre autres : « Nous assistons ce dernier temps à la prise des décisions de façon unilatérale et récurrente par le Président de l'Eglise…C'est bien là une preuve de la violation flagrante des Textes fondamentaux ».

Si, malgré la présence des textes en vigueur, il est de ceux qui n'acceptent pas de les appliquer, que sera la période de flottement qu'on pourrait créer, en attendant que les nouveaux textes soient assimilés, vulgarisés et appliqués ? Combien de temps cela prendra-t-il ?

- Dans les constats, on parle « de la mauvaise foi des animateurs » (P.1). Peut-on affirmer qu'un tel mal peut guérir en révisant les textes juridiques ?

- Selon le point 2.6 portant sur les élections, on a des affirmations qui montrent que le Bureau synodal actuel est le fruit d'un travail malsain abattu dans un esprit de la politique politicienne. C'est le moment de se demander, si ceux-là sont heureux et sont en paix avec Dieu en ce moment.

III. Notre point de vue

- Le grand travail est de reformer nos voies et nos agissements (Jer 7 :3). Le mal est plus profond que les textes que chacun pourra toujours lire à sa manière, selon l'esprit qui l'anime.

- Les nouveaux textes fondamentaux demanderont du temps pour être assimilés. A supposer qu'on adoptait les propositions 2.2, ce ne serait pas facile à comprendre et à pratiquer. Cela demanderait beaucoup de temps d'explication. Il est clair que ce mémorandum est le fruit d'une longue réflexion. Ce n'est pas de façon magique qu'on pourrait faire appliquer un tel texte.

- Ce mémorandum risque d'avoir une connotation de revendication (Par. 2.2; 2.3; 2.7; 2.8 etc.).

- Par ailleurs, nous sommes caractérisés par des prises d'initiatives et des projets qui ne vont pas jusqu'au bout :
  o Qu'avons-nous fait du colloque International sur la Mission et l'Evangélisation (CIME), du 1er au 5 novembre 2017 ?
  o Qu'avons-nous fait des résolutions prises lors du Conseil synodal socio-économique extraordinaire d'octobre 2018 tenu à VUELA.
  o L'article « Halte à la prostitution sacrée » publié dans le journal le Chemin est un chantier inachevé…Cela devrait nous préoccuper pour aider l'Eglise, parce que le mal de l'EEC est hautement spirituel. Les serviteurs de Dieu ne portent-ils pas une grande responsabilité à ce sujet ?

- Il serait souhaitable de rendre service à notre Bureau synodal en l'aidant à aller normalement au synode et engager sérieusement et sans précipitation la procédure de la révision des textes ; celle-ci pourrait intervenir à partir de l'année 2021 avec le nouveau Bureau synodal qui sera mis en place par le synode de juillet 2020.

- Nous sommes tous des « serviteurs inutiles » (Luc 17 :10). En effet, il y a un temps pour tout (Ecc 3 :1ss).

- La situation actuelle est une école pour l'EEC. Nous avons besoin de la prendre très au sérieux. Nous sommes nombreux à savoir ce que nous avons fait pour arriver à ce que nous vivons. Nous aurons des comptes à rendre au Seigneur, chacun pour sa part.

- L'annonce maladroite de la révision de l'âge de la retraite à 70ans faite par le Bureau synodal à la Conférence des ecclésiastiques d'Indo a troublé plus d'un serviteur encore en activité. Cette question de l'âge de la retraite, ne demande-t-elle pas une étude préalable et la maîtrise des effectifs du corps ecclésiastique ? Avec des problèmes financiers que connaît l'EEC, surtout que plusieurs serviteurs sont déjà quasi improductifs du fait du poids de l'âge, ou à cause des affectations intempestives, très onéreuses et bien de fois inappropriées, ne risque-t-on pas d'enfoncer plus bas notre Eglise ? Certes, c'est dommage pour ceux qui veulent occuper des responsabilités, on ne sait pour quelle raison, mais le respect des textes est la grande leçon à ne pas sacrifier.

- Nous sommes appelés à nous mettre tous en prière. Acceptons ce que nous dictent les textes fondamentaux en vigueur jusqu'au prochain synode, et nous aurons la conscience tranquille.

En conclusion :

Ce mémorandum fait bien de nous interpeler tous ; C'est une invitation à une prise de conscience pour que chacun prenne sa responsabilité en main. Les sachants de l'Eglise sont appelés à emboiter le pas aux élaborateurs de ce mémorandum de manière à répertorier les faiblesses de nos textes. Cependant, tout en nous mettant en prière, le synode, de notre point de vue doit se tenir en respectant les textes actuels. Cautionner un précédant comme la révision urgente des textes fondamentaux et prolonger exceptionnellement un mandat serait périlleux pour l'Eglise Evangélique du Congo. « Pourquoi es-tu docteur en théologie ? Pour qui es-tu docteur en théologie ? » Notre combat est de réformer nos voies et nos agissements (Jér 7 :3). Puisse le Seigneur nous venir en aide !

Fait à Brazzaville, le 24 décembre 2019.

Ampliations ______________________ 77

Bureau synodal ______________________ 7

Conseil synodal ______________________ 50

Commission juridique ______________________ 7

Commission de vote ______________________ 7

Archives ______________________ 5

Journal Le Chemin ______________________ 1

Signataires :

Pasteur YIDIKA Boniface

Pasteur SITA Joseph Pasteur

ONDON Joseph Pasteur

N'SOUAMI Patrice

Diacre   NKABA-ITOU Joseph

Diacre   MAKANY Lévy

Diacre   MANDZOUNGOU Joseph

Diacre FOUNDOU Joseph

Chapitre II :

Deuxième document

DECLARATION DU COLLEGE DES PASTEURS RETRAITES DE L'EGLISE EVANGELIQUE DU CONGO, SUITE AU TOURNANT PRIS PAR L'AFFAIRE DU SILOE

Monsieur le Président et cher frère en Christ,

La grâce et la paix de notre Seigneur Jésus-Christ soient avec vous !

Monsieur le Président,

Il n'est pas de coutume que les pasteurs retraités de notre communauté se retrouvent particulièrement pour des affaires qui concernent notre chère Eglise, l'Eglise Evangélique du Congo. Nous savons qu'il existe des instances constitutionnelles pour s'en occuper.

Cette fois, à l'instar de l'apôtre Paul qui, après avoir reçu des nouvelles alarmantes de Corinthe par les gens de Chloé (1Cor 1 :11), avait écrit pour élucider un certain nombre de questions brûlantes qui concernaient la communauté de Corinthe, nous, pasteurs retraités de l'EEC, nous voyons contraints de vous adresser très respectueusement cette déclaration.

En effet, Monsieur le Président,

Depuis votre élection, nous vous accompagnons dans nos prières, sachant que votre responsabilité est des plus lourdes et délicates ; cela reste bien entendu notre devoir. Cependant, comment prier sans suivre la vie de l'Eglise pour laquelle nous intercédons ?

Nous constatons avec beaucoup d'inquiétude que, l'Eglise Evangélique du Congo est comme dans une zone de turbulence qui ne dit pas son nom. De notre point de vue, de façon générale, la vie institutionnelle, morale, financière, relationnelle et doctrinale pour ne citer que cela, est empreinte d'instabilité. Les faits troublants reprochés aux mis à part, aux ecclésiastiques sont légion. Que le Seigneur nous vienne en aide !

Par ailleurs, il semble que le Bureau synodal est dans un dysfonctionnement à peine voilé ; par exemple, on vous voit presque seul lors des grandes célébrations synodales ; lors de bien de retraites spirituelles synodales, on ne sent pas par exemple la présence du Vice-président, qui pourtant est quelquefois présent. Comment pourrions-nous rester silencieux après les interpellations du Conseil synodal qui nous paraissent infructueuses ? De grâce, les Textes fondamentaux (Art 70 :4) nous enjoignent de travailler en faveur de l'unité. Il n'est pas trop tard pour se réconcilier, même s'il y a déjà eu des tentatives dans ce sens (Héb 12 :14).

Aussi, venons-nous particulièrement évoquer l'affaire dite « Siloé » pour laquelle nous avons des documents officiels, notamment, la décision du Conseil synodal et votre lettre dite, « lettre pastorale » N° 212/19/EEC/P/D.CAB du 27 juin 2019.

A ce sujet précis, nous avons beaucoup d'inquiétudes, surtout qu'on y met de façon voilée l'implication d'une église dissidente, nommée, l'Eglise évangélique Nouvelle.

Concernant le Siloé :

-Est-il vrai que l'EEC a nécessairement besoin de la pratique kimbanguiste des eaux de NKAMBA pour la guérison des malades ?

-Sachant que l'EEC combat les pratiques sectaires des gens qui vont laver les fidèles au fleuve ou dans d'autres cours d'eau, n'y aurait-il pas confusion en instituant une telle pratique ?

-Il y a aussi l'idée de la sacralisation de certains lieux, mais Jésus s'y oppose (Jean 4 :20-24).

Bibliquement parlant, nous pensons que les mentions de :

1-   La guérison de Naaman dans 2Rois 5 :1-19, sur l'ordre du prophète Elisée, est un cas particulier (cfr Lc 4 :27).

2-   La piscine de Bethesda (Jean 5 :2 -9), ne montre-elle pas les limites de cette pratique avec l'intervention de Jésus qui, sans plonger la personne malade depuis 38 ans dans ladite piscine, l'a guéri tout simplement ?

3-   La guérison de l'aveugle né par Jésus (Jean 9 :7) est aussi un cas particulier. Il n'y a aucune institution expresse de cette pratique dans la Bible, même si de façon souveraine, Dieu peut agir pour délivrer quelqu'un.

Enfin, tous ces textes montrent qu'ils concernent beaucoup plus des cas isolés des malades physiques.

La convocation de Monsieur le Président s'adresse à tous les fidèles de l'Eglise Evangélique du Congo. Même si on inviterait exclusivement les malades, ne serait-ce pas emboiter le pas à ce que font les assemblées dans le cadre de la théologie de la prospérité, chose que nous dénonçons sur la base des Ecritures ? Au sujet du Siloé,

Nous, Pasteurs retraités de l'EEC, vous suggérons humblement :

- De vous référer aux décisions du passé.

- Nous autres étions, à l'époque du Pasteur Daniel NDOUNDOU, en fonction dans l'EEC. N'y aurait-il pas besoin de plus de discernement ?

- De vous conformer à la décision du Conseil synodal de Ouesso qui a dicté la voie de la sagesse.

- Dire que « Le Siloé est un don de Dieu à l'EEC…comme le sont d'ailleurs tous les autres dons qui s'exercent dans l'Eglise » nous inquiète profondément. Il y a le risque de la fétichisation du réveil. Bientôt les fidèles peu affermis iront chercher de l'eau du Siloé pour des usages fétichistes.

- Le « Je » que vous utilisez dans votre lettre dite pastorale montre que les autres membres du Bureau synodal, moins encore ceux du Conseil synodal ne sont avec vous. Est-ce l'article 63 qui parle de « il est investi de tous les pouvoirs nécessaires » qui donnerait la justification de votre leadership qui devient papal ?

Nous, Pasteurs retraités de l'EEC, ne trouvons aucune raison qui obligerait l'EEC à s'engager dans l'institutionnalisation de cette pratique du Siloé que nous trouvons déviante.

En plus, nous continuons d'entendre de France et de l'intérieur du Congo que, le Pasteur MBAMA Eugène est sollicité et va participer à cette activité du Siloé avec ses fidèles. Nos inquiétudes à ce sujet sont aussi des plus grandes, car on sait comment l'Evangéliste Eugène MBAMA est parti de l'EEC et qui sont aujourd'hui ses partenaires dans l'EEC. Si le Pasteur Eugène MBAMA voudrait revenir à l'EEC, que le Bureau synodal et le Conseil synodal s'occupent en toute responsabilité de cette question. S'il y a le besoin d'un éclairage, nous sommes disponibles pour éclairer l'EEC, sans empêcher la souveraineté de nos instances dirigeantes d'agir.

Espérant que notre voix sera entendue pour en fait nous atteler prioritairement aux choses importantes de l'heure, comme la vie spirituelle et morale des serviteurs de Dieu et l'économie de l'EEC, pour ne citer que cela.

Veuillez croire Monsieur le Président, au nom de notre Seigneur Jésus-Christ, à l'expression de notre soutien dans nos prières, et de notre entier dévouement

Pour le collège des Pasteurs retraités :   Fait à Brazzaville, le 25 Juillet 2019

Signataires

Yidika Boniface   - SITA Joseph

Mbioka Pierre   - YEBA Samuel

Nguimbi Gilbert   - ONDON Joseph

 KANI YOKA   - MOUSSOUAKA NGOMA Paul

MIEKOUNTIMA Jacques   - BAKISSA Jeanne Rose

NTSIBATALA Dominique   - MOUANDA Alphonse

Chapitre III :

Troisième document

CAS DU PASTEUR MBAMA EUGENE

Pasteur Samuel YEBA   Brazzaville, le 12 mars 2019
Pasteur Boniface YIDIKA
Pasteur Joseph SITA

Objet : Point de vue des pasteurs retraités sur le cas du Pasteur MBAMA Eugène.

Aux membres du bureau synodal
s/c de Monsieur le Président de
l'Eglise Evangélique du Congo,

Madame et messieurs les membres du Bureau synodal,

Suite à l'appel reçu du Bureau synodal, et ce, par le truchement du Président de l'Eglise Evangélique du Congo d'une part, compte tenu de la séance de travail que ce dernier a eu avec les trois pasteurs retraités dont les noms sont susmentionnés d'autre part, l'honneur nous échoit de donner notre avis par la présente.

En effet, reçus le 11 mars 2019, à partir de 12 heures 20, le Président, accompagné de monsieur le Directeur de Cabinet a motivé l'invitation des dits pasteurs retraités en exposant sur le cas concernant Monsieur le Pasteur Eugène MBAMA, ancien évangéliste de l'EEC, devenu dissident.

De l'exposé de Monsieur le Président, nous retenons que :

\-   Depuis le temps du pasteur Daniel NDOUNDOU, une démarche de sollicitation de retour de cet évangéliste à l'EEC serait entreprise.

\-   Au cours des longues années passées, des contacts ont eu lieu, tantôt par l'initiative du Pasteur MBAMA, tantôt sur la proposition des autorités de l'EEC.

\-   Ce dernier temps, une rencontre entre le Bureau synodal de l'EEC et de celui de l'Eglise Evangélique Nouvelle a eu lieu à la Présidence de l'Eglise Evangélique du Congo.

- Le Pasteur MBAMA Eugène, Président de l'Eglise Evangélique Nouvelle, aurait déclaré que son départ de l'EEC n'aurait pas de raison disciplinaire. Il serait plutôt question d'une affectation refusée...

- A la suite de beaucoup de révélations, le Pasteur MBAMA Eugène aurait un fardeau concernant le réveil spirituel, et même sur une éventuelle fusion des deux communautés ecclésiales.

- Etc.

Après l'exposé de monsieur le Président de l'Eglise Evangélique du Congo, un bref échange a eu lieu. Quelques questions d'éclaircissement ont été posées à Monsieur le Président. Par ailleurs, les retraités ont sollicité deux à trois jours pour déposer le fruit de leur réflexion, ce qui leur a été accordé.

Ainsi, considérant :

- Le Pasteur MBAMA Eugène comme personne physique et morale qui a fondé une église dénommée, l'Eglise Evangélique Nouvelle, reconnue par l'Etat;

- L'importance de la question, du dossier dont la complexité est évidente ;

- Les nombreuses années qu'il a passées hors de l'EEC ;

- Le besoin de connaître la vraie motivation de ce retour ou de la fusion des deux églises s'il en serait réellement question ;

- La situation précaire de l'EEC sur le plan financier et ses corollaires,

- Les cent dix ans de la vie de l'EEC, avec son passé élogieux qui ne sont pas à négliger,

De ce fait, au moment où l'EEC est dans une voie d'engagement, de prise de décision d'une aussi grande importance, il serait souhaitable de :

- Exiger une correspondance de la part du Pasteur Eugène MBAMA et son église, afin non seulement d'avoir un document de référence, mais aussi de cerner tous les paramètres de leurs intentions. En effet, un adage dit : « Les paroles s'envolent, mais les écrits restent ».

- De mettre le Procès-verbal de la réunion des deux bureaux synodaux à la disposition des personnes ressources sollicitées en vue d'une réflexion conséquente.

-       Prendre le temps qu'il faut, sans pression, pour éviter à l'EEC une décision prise à la hâte.

-       Convoquer un bureau synodal élargi aux personnes ressources ciblées si le Bureau le désire.

-       Associer de façon formelle le Pasteur Albert TETSI à cette réflexion.

-       Continuer de se mettre en prière en vue de discerner la volonté de Dieu, afin d'engager l'EEC dans une décision prise de façon responsable.

Comme on ne peut que s'en douter, ces propositions ne sont que les préliminaires de la réflexion approfondie qui va suivre.

Exprimant notre profonde reconnaissance à l'endroit du Bureau synodal, pour la confiance qui nous a été témoignée, en nous associant à cette réflexion qui exige beaucoup de sérieux et de prière,

Nous vous prions, madame et messieurs les membres du Bureau synodal, de bien vouloir agréer l'expression de nos meilleurs sentiments en Jésus-Christ.

Pasteur Samuel YEBA   Pasteur Boniface YIDIKA   Pasteur Joseph SITA

Chapitre IV :

Quatrième document

DECLARATION DES ANCIENS, MEMBRES DE L'EGLISE EVANGELIQUE DU CONGO, A L'ATTENTION DU BUREAU SYNODAL ET DU CONSEIL SYNODAL EXTRAORDINAIRE DE L'EEC, SESSION DU 8 AOÛT 2020

Chers sœur et frères membres du Bureau synodal,

Chers sœurs et frères conseillers synodaux,

Nous vous saluons fraternellement au nom de notre Seigneur Jésus-Christ.

Au moment où se tiennent les assises du Conseil synodal extraordinaire de l'Eglise Evangélique du Congo, session devant décider sur le présent et le futur de notre communauté ecclésiale, nous, les Anciens, membres de l''EEC avons jugé utile de rompre le silence, comme l'ont fait certains, soucieux de la bonne marche de l'EEC.

En effet, nous, les Anciens, membres de l'EEC, avons accompagné la vie de notre église dans la prière et à travers quelques actions au cours de ce quadriennat finissant. Au stade actuel, nous ne pouvons ne pas rendre grâce à Dieu qui a permis à son église d'arriver à la fin de ce mandat qui, du reste, n'a pas été facile. Il sied de noter déjà que, si plusieurs n'ont été informés de la mauvaise santé de notre église qu'à travers les réseaux sociaux, fait qui a été très honteux pour nous et pour les fidèles de l'EEC, les Anciens, membres de l'EEC que nous sommes, avons vécu les faits de plus près, et ce, quotidiennement.

Le contexte de la Covid-19, pourrait-il embrouiller le bon sens d'une église plus que centenaire, jusqu'à oublier notre identité et tout notre héritage du passé ? Il faut mentionner que même au plus profond du confinement dû au corona virus, dans plusieurs milieux, les autorités avisées et responsables ont travaillé, préparant l'après confinement. Cette pandémie ne saura donc être un prétexte pour asphyxier l'EEC.

Les Anciens, membres de l'EEC que nous sommes, pensons en toute humilité que le

63

moment est venu pour remettre l'EEC sur la bonne voie. Cependant, cela requiert de la part de tous et de chacun une forte dose de surpassement, d'honnêteté, de courage etc. Malheureusement, il n'est pas rare d'entendre des gens qui ne jurent que sur le tribalisme et sur l'église qui va être divisée, on ne sait pour quelle raison. Nous pensons que l'heure n'est plus à la distraction ou à l'intimidation.

Par ailleurs, faut-il le dire, le chaos dans lequel l'ennemi veut jeter l'EEC est à peine voilé. En effet, pendant toute cette mandature, le diable n'a travaillé que pour atteindre cet objectif, mais Jésus-Christ, le Chef de l'Eglise ne l'a pas permis et ne le lui permettra pas. C'est pourquoi, prenons toutes les armes de Dieu dont parle l'apôtre Paul (Eph 6 :10-18).

La tenue des présentes assises du Conseil synodal est sans conteste, le moment tant attendu aussi bien par l'opinion nationale que par la communauté internationale à laquelle l'EEC est liée. Cela étant, nous sommes convaincus que le Conseil synodal saura apprécier en toute responsabilité, sans passion et sans parti pris, les acteurs qui se sont illustrés par des comportements et par des actes peu honorables (Mat. 16 :27).

En tant qu'église qui vit l'expérience du réveil spirituel depuis 1947, ne devons-nous pas nous rappeler les interpellations du Seigneur, comme celle sortie de la bouche du Pasteur Raymond BUANA KIBONGUI en 1975 ? Celle-ci se résume par l'impératif de dénoncer le mal. Lors de ce Conseil synodal, notre espoir est que, avec amour, on saura dénoncer le mal sans ménagement et tirer les conséquences qui s'imposent afin d'aider le peuple de Dieu et recrédibiliser notre chère EEC qui a perdu sa notoriété d'antan. Cela permettra en même temps, vous vous en douterez certainement, de donner une leçon à tous ceux qui veulent venir briguer des mandats pour des fins inavouées.

Notre souhait est que la prorogation du mandat du bureau synodal ne dépasse pas l'année en cours, car les défis du nouveau Bureau synodal devant sortir du prochain synode sont aussi bien nombreux qu'urgents.

Chers sœurs et frères conseillers synodaux,

Nous vous assurons de notre soutien dans nos prières et vous souhaitons un plein succès dans le déroulement de votre session historique et unique dans l'histoire de l'EEC.

Fait à Brazzaville, le 5 août 2020

Signataires :

Pasteur YIDIKA Boniface

Pasteur SITA Joseph Pasteur

ONDON Joseph

Pasteur MOUSSOUAKA NGOMA Paul

Pasteur NSOUAMI Patrice

Pasteur MASSAMBA Armand

Diacre : NKABA ITOU Joseph

Diacre : MAKANY Lévy

Chapitre V :

Cinquième document

ADRESSE DES ANCIENS, MEMBRES DE L'EGLISE EVANGELIQUE DU CONGO, A L'ATTENTION DU BUREAU SYNODAL DE L'EEC

Après la victoire éclatante de notre Seigneur Jésus-Christ sur le monde des ténèbres, fait matérialisé à travers la reprise des cultes et la tenue réussie du Conseil synodal extraordinaire du 8 août 2020, nous, les Anciens, membres de l'EEC, avons jugé utile de nous adresser à l'ensemble de notre communauté ecclésiale pour :

1-Nous inviter à rendre grâce à Dieu pour ses hauts faits. En effet, conscient de la situation infernale dans laquelle le diable a gardé prisonnière notre église pendant un temps, le peuple de Dieu ne s'est pas lassé de prier. Pour ne pas tomber dans l'ingratitude des neuf lépreux (Luc 17 :11-19), nous aimerions que des actions de grâces montent au Seigneur Jésus, le Chef de l'Eglise, et ce, à travers des ferventes prières.

2-Nous convier à reconnaitre à sa juste valeur, l'œuvre abattue collégialement par le Conseil synodal de l'EEC. En effet, le résultat des assises du Conseil synodal montre que les conseillers ont parlé d'une même voix. Nous ne pouvons pas être indifférents, face au travail du Bureau et du Conseil synodal. Tout en reconnaissant que toute la gloire reste attribuée à notre Dieu, nous félicitons les Conseillers qui ont fait montre de courage en appelant le mal par son nom.

3-Nous sensibiliser sur les pièges de l'ennemi. En effet, après les assises du Conseil synodal du 8 août 2020, nous avons observé avec beaucoup d'inquiétude deux comportements extrêmes. D'aucuns ont utilisé les réseaux sociaux pour exprimer ce qu'ils considèrent comme leur victoire, d'autres dans leur frustration essaient de couvrir en vain leur amertume. Nous avons donc besoin d'être sur nos gardes ; l'apôtre Paul nous exhorte à racheter le temps, car les jours sont mauvais (Eph.5 :16). Il ne serait pas sage d'encourager l'esprit des lobbies et de fanatisme car nous sommes tous un en Christ (Rom.12 :5).

4-Nous enjoindre à considérer le quadriennat finissant comme le temps d'une école. En effet, on se souviendra de la manière dont le synode de 2016 s'était passé et le fruit qu'il nous a donné. Accepterait-on de retomber dans les erreurs du passé ?

« Que le méchant abandonne sa voie, et l'homme d'iniquité ses pensées ; qu'il retourne à l'Eternel qui aura pitié de lui… » (Esaïe 55 :7).

5-Nous exhorter à abandonner les comportements répréhensibles dans la vie de l'EEC. Le fanatisme, la mauvaise gestion du personnel, la gabegie au niveau des finances, le non-respect des textes sont entre autres des maux à combattre pour que vive notre EEC. Nous invitons donc chacun à aspirer à l'intégrité (Mt 5 :48).

6-Nous rendre sensible sur le grand défi du temps présent. Après le Conseil synodal du 8 août 2020, il serait souhaitable que nos pensées se focalisent sur la prochaine session du synode électif qui va donner à l'EEC des nouvelles autorités. La vie proche et future de l'EEC dépendra du résultat de ce synode tant attendu. Après la leçon que nous venons de subir honteusement, nous avons, avec responsabilité et courage à nous dépouiller des considérations tribalo-ethniques, arme du diable pour détruire l'œuvre du Seigneur (Gal 3 :28).

7-Nous inviter à fléchir davantage les genoux en vue de voir sortir du prochain synode des autorités qui vont relever les nombreux défis concernant le relèvement multidimensionnel de l'Eglise Evangélique du Congo, et ce, pour la gloire de notre Seigneur Jésus-Christ. Prions aussi pour la consolidation de l'unité de l'EEC en particulier, et pour toute sa vie spirituelle en général.

En définitive, en nous exprimant ainsi, nous, Anciens, membres de l'EEC osons croire, que nous allons tous partager les mêmes aspirations qui ne sont que celles de garder l'église de Christ indivise, et ce, « Afin de faire paraître devant lui cette Eglise glorieuse, sans tâche, ni ride, ni rien de semblable, mais sainte et irrépréhensible. » (Eph 5 :27).

Puisse le Seigneur Jésus-Christ bénir l'Eglise Evangélique du Congo.

Fait à Brazzaville, le 12 août 2020

Signataires :

Pasteur YIDIKA Boniface   Pasteur MASSAMBA Armand

Pasteur SITA Joseph   Pasteur MOUSSOUAKA-NGOMA Paul

Pasteur ONDON Joseph   Diacre   MAKANY Lévy

Pasteur NSOUAMI Patrice   Frère, GI NGOUELONDELE MONGO Emmanuel

Diacre : NKABA ITOU Joseph

Chapitre VI :

Sixième document

CONSEILS DES ANCIENS AU PRESIDENT ET AU BUREAU SYNODAL POUR LA REUSSITE DU QUADRIENNAT 2020-2024

Pour la réussite du quadriennat commençant, sur l'inspiration de l'Esprit Saint, les Anciens du corps ecclésiastique de l'EEC suggèrent très respectueusement au Président et aux membres du Bureau synodal de l'EEC de ne pas perdre de vue les instructions ci-après :

1.   La crainte de l'Eternel et l'intégrité (Ps. 111 :10 ; Gnl7 :1).

2.   L'humilité, en évitant l'orgueil sous toutes ses formes (Luc 18 :14).

3.   Le complexe est un danger à éviter ; la collégialité sera de rigueur.

4.   Ne pas se laisser prendre en otage par qui que ce soit, en s'attachant au Christ seul (Jn 14 :6).

5.   Ne pas réviser les textes fondamentaux à la hâte, respect des textes oblige.

6.   Appliquer les décisions du conseil et du synode pour assainir les finances et reconquérir ainsi la confiance du peuple de Dieu.

Gestion du personnel sans complaisance (mettre l'homme qu'il faut à la place qu'il faut) ; recenser et contrôler le personnel, repérer les serviteurs improductifs.

En définitive, vous assurant de nos prières, tout se faisant avec amour, il est demandé au Président et au Bureau synodal de s'inspirer de l'œuvre d'Ezéchias (2Chr 29).

Brazzaville, le 25 novembre 2020

- Pasteur Boniface YIDIKA
- Pasteur Joseph ONDON
- Pasteur Paul MOUSSOUAKA-NGOMA
- Pasteur Joseph SITA
- Pasteur Samuel YEBA
- Pasteur Jeanne Rose BAKISSA
- Pasteur Armand Cyriaque MASSAMBA
- Evangéliste Jean LOULENDO

**EGLISE EVANGELIQUE DU CONGO PLATEFORME
DES OUVRIERS APOSTOLIQUES RETRAITES**

Objet : Avis des Ouvriers Apostoliques Retraités au Bureau synodal.

Les Ouvriers Apostoliques Retraités

A

Mesdames et Messieurs les membres du Bureau synodal de l'Eglise Evangélique du Congo.

Mesdames et Messieurs,

L'honneur nous échoit de venir très humblement auprès de votre très haute autorité pour :

Premièrement :

1.   Avant tout, rendre grâce à Dieu pour la quiétude qui règne au sein de l'EEC depuis votre prise de fonction, en tant que nouveau Bureau synodal.

2.   Vous féliciter à l'issue de la tenue de la session inaugurale du Conseil synodal relatif au quadriennat 2020-2024.

Vous exprimez notre joie, pour la cohésion que nous observons dans la conduite des affaires du Seigneur, au sein de notre communauté ecclésiale. Deuxièmement :

1.   Vous présentez certaines de nos inquiétudes, comme celles-ci :

a- Certains conseils des Anciens, au Président et au Bureau synodal, conseils du 25 novembre 2020, ne semblent pas encore avoir été pris en ligne de compte. Pour rappel, nous joignons la copie à ce présent document.

b- Nous n'arrivons pas à comprendre l'urgence de la tenue d'un synode extraordinaire, tout au début d'un mandat, alors que nous avons des problèmes financiers qui se posent avec acuité. Le peuple de Dieu, n'attend-il pas les avancées concrètes du dossier de la CNSS ?

c- L'urgence de la révision des textes fondamentaux, ne nous renvoie-t-il pas à ce que nous avons décrié et combattu lors du mandat passé ?

d- Il semble que le problème de l'âge du départ à la retraite continue de préoccuper certains serviteurs de Dieu, on ne sait pour quel interêt. Est-ce vraiment le moment?

e- Pour une église qui aspire au relèvement, doit- elle pactiser avec la complaisance ? En effet, sachant que des pasteurs ayant commis des malversations financières et d'autres fautes lourdes ont été radiés des effectifs du corps ecclésiastique, il sera souhaitable qu'on applique la même rigueur au Président sortant. En effet, à ce sujet, l'injustice est à peine voilée. Ce précédent risque d'avoir des conséquences très graves.

f- Par ailleurs, est-il juste de faire table rase sur le dossier lourd du comportement affiché par l'ancien Président vis-à-vis de l'EEC ? « Car le Seigneur châtie celui qu'il aime, Et il frappe de la verge tous ceux qu'il reconnaît pour ses fils » (Hébreux 12 :6).

g- Le cas de viol du pasteur BOUNDA MABIALA Freddy qui, honteusement a défrayé la chronique, semble avoir été occulté et pris à la légère.

h- Le Synode pourra peut-être se justifier en prenant des sanctions responsables portant sur:

-Les malversations financières afin d'en terminer une fois pour toutes.

-       L'arrêt de la réhabilitation des serviteurs radiés. En effet, ce fait ne peut garantir l'autorité du corps ecclésiastique.

-       Etc.

2.   Vous faire une suggestion au sujet de l'actualité nationale :

Pour une première fois, l'EEC a un de ses fidèles qui est élevé au rang de premier Ministre. Il serait souhaitable que le Bureau synodal :

a- Organise un moment de prière avec le nouveau gouvernement dans un délai raisonnable.

b- Engage les intercesseurs pour soutenir l'action gouvernementale, car la tâche est immense et les défis très nombreux.

c- Mette davantage l'accent sur la crainte de l'Eternel, l'intégrité et la discipline afin de redorer son image.

Cible des projets concrets à présenter au Premier Ministre le moment venu : Rétrocession de certaines écoles (Enseignement protestant).

L'Université Protestante de Brazzaville, etc.

Nous vous assurons de notre soutien dans nos prières et vous prions de demeurer unis et irréprochables.

« Faites toutes choses sans murmures ni hésitation, Afin que vous soyez irréprochables et purs, des enfants de Dieu irrépréhensibles au milieu d'une génération perverse et corrompue, parmi laquelle vous brillez comme des flambeaux dans le monde. » (Ph 2 :14-15).

Puisse le Seigneur Jésus-Christ vous bénir abondamment, et qu'il bénisse votre œuvre pour sa gloire.

Fait à Brazzaville, le 19 mai 2021

Pour les Ouvriers apostoliques retraités :

Pasteur Joseph SITA

Pasteur Paul MOUSSOUAKA NGOMA

Pasteur Rostand KANY YOKA

Pasteur Jean Pierre BASSOUAMINA

Pasteur Armand Cyriaque MASSAMBA

Chapitre VIII :

Les voix de Dieu sont insondables

Saisissant l'occasion de la compilation des documents ci-dessus, nous nous permettons de présenter le contexte général qui a favorisé l'avènement de certains faits. En effet, les fidèles de l'Eglise Evangélique du Congo devraient, par exemple, se poser la question de savoir, d'où est sortie la création de la cellule de prière des anciens, pour en arriver finalement à la création de l'association des ouvriers apostoliques retraités qui existe aujourd'hui ?

1. Tout commence en 2009

Comme nous le savons, 2009 rappelle la célébration du premier centenaire de l'Eglise Evangélique du Congo. Bien entendu, précisément, on sait que 1909 a été l'année de l'implantation du protestantisme sur le sol congolais, avec l'arrivée de John Hammar à Manga, dans le département du Pool, le 12 janvier 1909.

L'Eglise Evangélique du Congo a donc, avec raison programmé la célébration des cent premières années de son existence, en tenant compte de l'ère du temps de la mission.

Sachant que la décennie précédente, ainsi que celle de la célébration de cet évènement ont été caractérisées par des remous sociaux politiques au Congo, on peut comprendre pourquoi il y a eu beaucoup d'invitation à la prière. Il fallait beaucoup de prières pour demander au Seigneur une célébration dans la paix. Dans cette période d'attente et de préparation, une diaconesse, nommée Nkoussou Antoinette reçut une révélation demandant à certaines personnes de se mettre en prière de façon particulière. Il s'agit de :

-       Pasteur N'souami Patrice, Président de l'EEC à l'époque

-       Pasteur Moussouaka Ngoma Paul, Chef de département de l'évangélisation à l'époque ;

-       Pasteur Nondo Noé, retraité

-       Pasteur Loubamba Jacques, retraité

-       Pasteur Joseph Sita, Doyen de la Faculté de théologie à l'époque ;

- Pasteur Samuel Yeba, retraité
- Evangéliste Jean Loulendo
- Pasteur Loussakou Alphonse
- Diacre Nsounga Abraham,
- Diaconesse Nkoussou Antoinette

A part quelques-uns dont la disponibilité était difficile, les moments de prière se tenaient régulièrement au bureau du Chef de département de l'évangélisation, au centre d'accueil, jusqu'à la tenue des festivités dudit centenaire à Madzia. Par la grâce du Seigneur, plus de peur que de mal, les activités du centenaire de Madzia s'étaient bien passées.

2. Après le centenaire de Madzia

Après le centenaire de Madzia, le groupe s'est vu arracher plusieurs de ses membres ; le Pasteur NTONDO Noé, le pasteur LOUBAMBA Jacques, pour ne citer que ceux-là, ont été rappelés à Dieu. Cependant, la cellule de prière a continué ses activités.

D'autres anciens ont intégré le groupe, surtout les ecclésiastiques retraités. Par moment, de ce noyau de prière, est née une inspiration relative à la vie de l'Eglise Evangélique du Congo. Lorsque cela arrivait, celui qui avait l'inspiration élaborait un projet qui était soumis à l'appréciation des sachant de l'EEC, surtout des anciens avertis, selon la nature de la question.

3. Les cinq piliers de l'action des anciens

3.1. La prière

La cellule de prière des anciens a connu des moments de baisse d'activités, mais la flamme ne s'est pas éteinte. Actes 2:42 nous enseigne que les chrétiens de l'Eglise primitive étaient entre autres, assidus à la prière. Ici et maintenant, n'est- ce pas le moment de rendre grâce à Dieu notre Père qui a maintenu cette flamme? La puissance de la prière, nous l'avons expérimentée. Nous avons inlassablement prié aussi bien pour l'EEC que pour notre société. Jésus notre Seigneur n'a-t-il pas déclaré que tout ce que nous demanderions en son nom nous le verrions s'accomplir (Jean 14 :12-14) ?

3.2. Le discernement

La Parole de Dieu nous enseigne :

« N'éteignez pas l'Esprit. 20 Ne méprisez pas les prophéties. 21 Mais examinez toutes choses; retenez ce qui est bon. » (1Thes 5 :19-21).

Ceci devrait s'appliquer au vécu de l'Eglise institution et de celui de l'église locale. L'action de l'Esprit saint devrait éveiller les chrétiens, de manière qu'ils soient sensibles à tout ce qui se dit et se fait à quelque niveau que ce soit. Les anciens, en tant que gardiens des valeurs, sentinelles au sein de la communauté ne devraient pas dormir. Lorsqu'on est engagé dans la prière, le Seigneur ouvre nécessairement les yeux pour voir et distinguer le bien du mal.

3.3. Le partage

Comme on le sait, dans une communauté, ce que Dieu révèle, c'est pour l'édification des saints. L'apôtre Paul parle bien de la raison d'être des dons spirituels :

« De même vous, puisque vous aspirez aux dons spirituels, que ce soit pour l'édification de l'Église que vous cherchiez à en posséder abondamment » (1 Cor.14:12) ;

« Que faire donc, frères ? Lorsque vous vous assemblez, les uns ou les autres parmi vous ont-ils un cantique, une instruction, une révélation, une langue, une interprétation, que tout se fasse pour l'édification » (1 Cor.14 :26).

Les anciens ont partagé ce qu'ils ont discerné en bien ou en mal. Personne n'a eu l'intention de faire du mal à qui que ce fut. Tout n'était que pour l'intérêt supérieur de l'EEC. Les anciens ciblés avaient donc la responsabilité d'amender le document élaboré. Dans cette période, certains devaient donner leur avis depuis l'étranger, grâce à la communication qui est devenue facile à notre temps. Le constat a été, qu'à cœur ouvert, chacun a donné son opinion.

3.4. Le courage

Les anciens ont fait montre d'un courage exceptionnel. On pouvait comprendre que, pour des serviteurs en activité, ce n'était pas aisé de braver l'autorité. D'ailleurs, pour certains cas, il est arrivé que certains anciens se soient réservés en ne s'engageant pas dans une procédure par exemple. La pandémie du Corona virus a rendu les choses plus difficiles, alors que l'EEC accusait déjà des faiblesses sur plus d'un niveau.

3.5. L'action

A quoi servirait de bonnes idées au cas où celles-ci ne seraient pas exprimées, présentées aux autorités compétentes ? Les paroles s'envolent, mais les écrits restent. Les anciens ont pris l'engagement de signer leurs déclarations ou leur avis par rapport aux préoccupations de chaque contexte. Ils ont formé des délégations pour aller expliquer et déposer leur réflexion à qui de droit. Voilà ce qui a été salutaire pour l'Eglise Evangélique du Congo. Il convient de dire que les anciens n'ont pas seulement fait que sonner l'alarme, ils ont aussi félicité lorsque cela était nécessaire.

En conclusion, avec cette publication, les anciens disent :
« Vous de même, quand vous avez fait tout ce qui vous a été ordonné, dites : Nous sommes des serviteurs inutiles, nous avons fait ce que nous devions faire. » (Luc 17:10)

A Dieu seul soit la gloire !

Conclusion générale

Après avoir été témoin des œuvres de Dieu notre Père céleste pendant quelques décennies, il ne nous reste qu'à Lui dire notre reconnaissance. Que ferions-nous sans Christ, sans l'action du Saint-Esprit ? La fidélité de notre Seigneur Jésus-Christ a été expérimentée jour après jour, semaine après semaine, mois après mois et année après année. Il est ce rocher inébranlable qui sait intervenir promptement et efficacement. Si tous ceux qui se réclament d'être au service du Seigneur, particulièrement les jeunes, pouvaient compter sur Lui.

Notre rôle ne se limite pas à ne penser qu'à soi-même. Nous appartenons aussi bien à la famille biologique qu'à celle des enfants de Dieu. Alors, tout ce que nous recevons, chacun pour sa part, nous le mettons en commun pour l'édification commune :

« Il y a diversité de dons, mais le même Esprit ;

Diversité de ministères, mais le même Seigneur ;

Diversité d'opérations, mais le même Dieu qui opère tout en tous.

Or, à chacun la manifestation de l'Esprit est donnée pour l'utilité commune. » (1Cor 12 :4-7).

A travers l'expérience vécue par les anciens au sein de l'Eglise Evangélique du Congo, n'y a-t- il pas une interpellation pour les générations présentes et futures?

L'Eglise Evangélique du Congo est une bénédiction pour le pays et pour le monde. Si les fidèles de cette communauté pouvaient accepter d'être la lumière du monde et le sel de la terre, le Seigneur Jésus-Christ serait glorifié et le Congo et le monde seraient bénis. Gloire soit au Père, au Fils et au Saint-Esprit !

Biographie en bref

I.   Naissance, filiation et vie matrimoniale

Né le 16 janvier 1950 à Voka/BOKO De : SITA
Joseph (feu)
Et de : LOUKOULA Joséphine (feue). Baptisé à
Musana le : 22 décembre 1963. Marié religieusement
le 1er novembre 1975 Marié officiellement le 23 juin
1976 Epouse : MVIBOUDOULOU Jacqueline
Profession : Enseignante/Institutrice.
Père de : 7 enfants.

II.   Vie scolaire et estudiantine

Ecole primaire : 1957-1965, à Musana.
Ecole secondaire premier degré : 1965-1970. Au C.E.G. Auguste Bitsindou
(Makélékélé/Brazzaville).
Ecole secondaire second degré : Lycee Savorgnan (Auditeur libre). Séminaire
théologique de Mansimou : (1980-1985).
Cycles de Licence et de Maîtrise à Yaoundé : 1985-1987. Cycles de
DEA et Doctorat à Yaoundé : 1990-1995.

III.   Diplômes

C.E.P.E. : juin 1964 à Musana
B.E.M.G. : juin 1970 à Brazzaville BAC A4 :
juin 1982 à Brazzaville BAC de théologie :
1985 à Brazzaville.
Licence de théologie : juin 1986 à Yaoundé/Cameroun. Maîtrise de
théologie : juin 1987 à Yaoundé/Cameroun. DEA de théologie :
1992 à Yaoundé/Cameroun Doctorat de théologie : 1995 à
Yaoundé/Cameroun

IV.   Vie professionnelle
Vie d'évangéliste

1973-1974 : Paroisse de Ouenzé/Brazzaville.
1974-1975 : Paroisse de Mayangui/Brazzaville.
1975-1977 : Librairie Evangélique de Pointe-Noire (appui à l'annexe Mpaka, actuellement
paroisse).
1977-1978 : paroisse de Mansimou/Brazzaville. 1978-1980 : Annexe Talangai, Paroisse de
Ouenzé.
1980 :   Admission au concours d'entrée au séminaire de Mansimou.

Vie de pasteur

1985-1987 : Pasteur stagiaire, formation au Cameroun 1987 :
Consécration au ministère pastoral à Mansimou.
1987-1990   : Enseignant,   et vice-directeur   au Séminaire   théologique   de
Mansimou.

1990-1995 : Formation doctorale à Yaoundé/Cameroun
         : Professeur vacataire à la Faculté de théologie Protestante de Yaoundé.
1995-2013 : Professeur de théologie au Séminaire, à la Faculté et à l'université Protestante de Brazzaville.

V.   Responsabilités assumées
Fonctions administratives
1995-1998 : Directeur du Séminaire théologique de Mansimou.
1998-2012 : Doyen de la Faculté de théologie Protestante de Brazzaville. 2012-2013 : Recteur de l'Université Protestante de Brazzaville.

Autres charges
1995-2004: Responsable du département synodal de l'éducation chrétienne. 1995-2005: Membre du Conseil d'Administration de la Faculté de théologie protestante de Yaoundé. 2009: Premier Responsable de la commission de rédaction de la liturgie de l'Eglise Evangélique du Congo.

Attribution particulière :
2012 : Grade de professeur décerné par la délibération N° 95 du 30 avril 2012, du Conseil d'Administration de l'Université Protestante de Brazzaville.
1973-2013 : 40 ans de ministère dans l'EEC.
1995-2013 : 18 ans ininterrompus de responsable du séminaire, de la faculté et de l'Université protestante de Brazzaville.
2021-2023 : Professeur d'hébreu au Grand Séminaire Emile Biayenda, à Brazzaville; ceci, sur la demande de Mgr Hildver MOUANGA, Evêque de KINKALA.
2023 : Grade de professeur émérite décerné par le Conseil d'Administration de l'Université Protestante de Brazzaville.

VI.   Productions intellectuelles et spirituelles
1.   Production intellectuelle
En dehors des mémoires et de la thèse de doctorat, liés à son cursus scolaire et universitaire, le Pasteur Joseph SITA a laissé quelques écrits :
1° Kinzambi na kimuntu mu dibundu dia Klisto (en Kikongo). 2° Quelques occasions pour entendre Dieu parler.
3° Le mariage chrétien en milieu urbain 4° De l'amour à la vie
5° Biographie du Pasteur Raymond Buana Kibongi 6° Que prêchons-nous ?
7° Eclairage sur la vie pastorale au sein de l'Eglise 8° La complexité du combat spirituel

2.   Production spirituelle

Le Pasteur Joseph SITA a accepté sa vocation, étant choriste dans la paroisse de Météo en 1973. Au cours de son apostolat, il a eu la grâce de créer des groupes chantants, parmi lesquels on peut citer le Kilombo Bible de la paroisse de Ouenzé et la Chorale centre de la Paroisse évangélique de Mansimou. Attaché à la louange, il a donc eu la grâce de composer plusieurs cantiques dans plusieurs langues : Kikongo, lingala, Bembe, anglais etc. Du fait de l'habitation qui était incendiée pendant la guerre de 1998, alors doyen de la Faculté de théologie Protestante de Brazzaville, j'avais perdu ma documentation. Il n'a pu produire un recueil. Cependant, à titre d'exemple, on peut citer comme composition :

1.   **Ba pasi ya mokili ezanga te… (Lingala)**
2.   **Tata mu mayulu wu tuheke makwa mamono ma tu nwanina (Bembe)**
3.   **Ba nga madiele sa bayimbila (Bembe)**
4.   **Mpeve a nlongo yi meni dukulwa mu nza (Kikongo)**
5.   **Lu kiyekola mu nzila mpulusu (Kikongo)**
6.   **Mpeve a Nlongo yi meni dukulwa mu nza (Kikongo) Etc.**

Les pays visités par la grâce de Dieu Afrique
- République Démocratique du Congo
- Ethiopie
- Kenya
- Afrique du Sud
- Centrafrique
- Cameroun
- Bénin
- Togo
- Ghana
- Côte d'Ivoire

Europe

- France
- Suisse
- Suède
- Norvège

Asie

- Israël

Remerciements :

Au moment où mon rêve de mettre sur papier certaines séquences de ma vie devient une réalité, je ne peux ne pas exprimer ma gratitude à l'égard de certaines personnes. En effet, avoir une idée est une chose, mais la rendre disponible pour être lue demande une conjugaison d'efforts de plusieurs.

Le Grand Premier, notre divin Père est Celui qui nous a inspirés. Je Lui dis toute ma reconnaissance pour son éclairage et la capacité qu'Il m'a donnée de produire cet ouvrage. A Lui seul Honneur et Gloire pour ses hauts faits.

Le Rév Prof Patrice N'SOUAMI, Ancien Président de l'Eglise Evangélique du Congo, mérite bien notre reconnaissance, car il a été celui qui, le premier m'a encouragé, après avoir lu et corrigé mon manuscrit. Nanti d'une vigilance particulière dans sa correction, je loue le Seigneur qui a mis ce serviteur de Dieu sur mon chemin.

Monsieur Paterne BOUNGOU, écrivain et enseignant, a été de beaucoup dans la réalisation de cette publication. Sa lecture et les remarques techniques qu'il a apportées ont été précieuses. Nous lui témoignons aussi toute notre reconnaissance.

Soli Deo Gloria !

Table des matières

More
Books!

info@omniscriptum.com
www.omniscriptum.com
OMNIScriptum